D1724627

Oleg Nikiforov

Putin: gestern, heute und morgen

Oleg Nikiforov

Putin: gestern, heute und morgen

Russland auf dem Weg in die Top-Nationen der Welt

1. Auflage 2022
© Copyright dieser Ausgabe by
Gerhard Hess Verlag, 88427 Bad Schussenried
www.gerhard-hess-verlag.de

Printed in Europe

ISBN: 978-3-87336-693-0

Oleg Nikiforov

Putin: gestern, heute und morgen

Russland auf dem Weg in die Top-Nationen der Welt

GHV

Inhalt

Vorwort

In den 20 Jahren, die Wladimir Putin an der Spitze der Macht in Russland steht, sind große Veränderungen eingetreten. Das betrifft das große Russland, die gesamte Welt und auch das private und politische Leben des Präsidenten selbst. Diese entscheidenden Geschehnisse analysiert der bekannte russische Journalist Oleg Nikiforov mit dem Hintergrund seiner persönlichen Erfahrungen in den verschiedenen politischen Systemen. Er beginnt mit der Erklärung seiner Vision der Ära Gorbatschows, der entscheidende Grundlagen für die Änderung der Beziehungen der UdSSR zur anderen Welt und vor allem für die Beseitigung der Konfrontation mit dem Westen wesentlich beeinflusst hat. Die bedeutendsten Wegemarken, dass Ende des Kalten Krieges, der Zerfall des sozialistischen Systems und auch der UdSSR sprengten das Fundament der Logik der Weltordnung nach dem Zweiten Weltkrieg.

Das gerade noch in den 90er Jahren von der Mehrheit der Menschen angenommene dominierende Gefühl der Herrschaft der USA wurde durch die Enttäuschung an der Lebensfähigkeit einer unipolaren Welt ersetzt. Die allmähliche Erosion der politischen Grundlagen des bereits gewohnheitsmäßig immer noch herrschenden Nachkriegssystems wurde von gewaltigen wirtschaftlichen Änderungen begleitet. Der sich vor unseren Augen vollziehende rasante Start Chinas auf die zweite Stelle der Weltwirtschaft sowie die Erfolge großer Entwicklungsländer, wie Indien, Brasilien, Mexiko, Türkei, Indonesien und Malaysia halfen eine total neue Weltwirtschaft zu formieren, die heute vergleichbar mit den Zielen und Erfolgen der Länder der großen Sieben-G7 Vereinigung ist. Auch das sich in eine mitentscheidende Energiemacht wandelnde Russland wuchs in seiner politischen und wirtschaftlichen

Bedeutung. Nach dem das Land dann aus politischen Gründen die G7-Gemeinschaft verließ und sich mit der BRICS verband, begann sich die Welt in polyzentrischer Richtung zu entwickeln.

Doch auch diese neue Weltordnung beseitigte die eigentlichen Konflikte nicht, im Gegenteil. Eine Vielzahl internationaler Verträge auf politischen, militärischen und wirtschaftlichen Gebieten zeigte wenig Wirkung und stand oft nur auf dem Papier. Die Probleme der offenen Konfrontation in der Zeit des Kalten Krieges wurden weder überwunden, noch die Aufgaben der Gründung einer total neuen Weltordnung gelöst. Heute zeigt sich immer deutlicher, das auch die sich neu formierenden politischen internationalen Systeme die Aufgaben der Suche nach Kompromissen und die Schlichtung der multidirektionalen und widersprüchlichen Interessen in den verschiedenen Bereichen, vom Welthandel bis zur Regelung der Migrationsprobleme und der Sicherheit der einzelnen Staaten, nicht lösen können. Immer mehr stößt die Welt dabei auf neue groß angelegte Widersprüche in den sozialen und wirtschaftlichen Strukturen der Gesellschaft. Ungeachtet der dringend erforderlichen Überwindung des Elends und der Armut von Hunderten Millionen Menschen wuchsen vor allem in den großen schnell wachsenden Entwicklungsländern die relative Ungleichung und die allgegenwärtige Trennung der Eliten von den grundlegenden sozialen Bevölkerungsgruppen. Diese Diskrepanz der Wertorientierung innerhalb und zwischen den Staaten führen weiter zu gegenseitiger Entfremdung und Misstrauen gegenüber den politischen Parteien und ihren Vorreitern. Es entstehen immer mehr Konfliktherde mit neuen Anforderungen an lokale und globale Grundregelungen, denen man derzeit nicht gewachsen ist.

Ohne Russlands mitbestimmenden Platz in der heutigen Welt ist es unmöglich, den Herausforderungen und Bedrohungen der

Menschheit im 21. Jahrhundert erfolgreich entgegenzuwirken. Die Aufgabe seiner Wiedergeburt als Supermacht ist daher eine der zentralen Ideen Putins, wie der Autor nachvollziehbar erläutert. Die Umsetzung dieser politischen Grundsätze führt jedoch auch unweigerlich zur vorläufigen Verschärfung der Beziehungen zwischen Ost und West, gewissermaßen zu einer neuen Variante des Kalten Krieges und zur Verschärfung des politisch-militärischen Wettbewerbes. Die Umrisse der neuen Ordnung, die sich im System der Kompromisse und den Grundlagen der globalen Verwaltung momentan formieren, sind längst noch nicht ausgereift. Die bisherige Führungsrolle, die auf dem Sieg im Zweiten Weltkrieg basiert, existiert leider noch immer in mancherlei Köpfen. Aber auch das wird sich unter Berücksichtigung der neuen Kräfteverhältnisse ändern. Bei der Analyse der Rolle Russlands in diesem Prozess wird aber auch sichtbar, dass der russische Staatspräsident durchaus nicht der einzige ist, der außen- und innenpolitische Richtlinien des Landes bestimmt. Wladimir Putin nutzt ein weitverzweigtes Netz kluger Mitstreiter, die nicht immer so bekannt sind und in der Öffentlichkeit stehen. Die Position des Schutzes der echten konservativen Werte ist für den ersten Mann Russlands traditionell. Sie spiegelt Ansichten und Vorlieben bedeutender Teile der Bevölkerung, des so genannten Basisvolkes wider, wie Vladislav Surkow, einer der einflussreichen Personen in Putins Umgebung, schrieb. Im Dialog über die Werte spricht Russland und Europa immer noch verschiedene Sprachen, obwohl das Land eigentlich in Kultur, in den Bereichen der Wirtschaft oder auch historisch gesehen, eng mit diesem Teil der Welt verbunden ist. Doch die von außerhalb ausgehende hohe innere Spannung ist mit einem ständigen Gefahrengefühl verbunden. Genau das ist nicht, nur eine berufliche Deformation des Ex-Sicherheitsmitarbeiters, sondern auch ein wichtiger Teil der russischen Grundsubstanz und der Psychologie der Mehrheit der Nation. Antiamerikanismus wurde zu einer stabilen Eigenschaft der Verhältnisse zur Außenwelt, wie soziologische Umfragen zeigen. Dazu herrscht die allgemeine Vorstellung, dass Russland als ein großes, wichtiges Land in keinerlei Hinsicht den anderen Großmächten nachgeben darf.

Die Fähigkeit, solche Stimmungen zu hören und aufzunehmen, das Volk zu verstehen und entsprechend zu handeln, ist einzigartige und überaus positive Eigenschaft Putins als Staatsmann.

Im Buch von Oleg Nikiforov wird durch zahlreiche Tatsachen belegt, dass viele, sogar äußerst schwere Außenumstände nicht nur Gefahren mit sich bringen, sondern auch die Chancen bieten, die bei realen und aufrichtigen Wünschen zur Zusammenarbeit für alle nützlich sein könnten. Ich denke, dass dieses interessante Buch zum Nach- und Weiterdenken anregt und durchaus helfen kann den Weg dieser Zusammenarbeit erfolgreicher zu gehen.

Natalia Ivanova

Mitglied der Russischen Akademie der Wissenschaften und Erste Stellvertretende Direktorin des Institut of World Economy and International Relations (IMEMO).

Einführung

Die 2015 mit dem Nobelpreis geehrte weißrussische Schriftstellerin Swetlana Alexejewitsch sagte in einem Interview für die Deutsche Welle am 31. Mai 2018, dass „Russland immer Vorahnung, immer Projekt, immer nie verwirklicht ist".[1] Sie traf damit – wie ein deutsches Sprichwort sagt – „den Nagel auf den Kopf". Schon als Russland erstmals als Staat in Erscheinung trat, wurden Anstrengungen unternommen, das starke Land als Weltmacht zu einem regional wenig bedeutenden Player auf der Weltbühne zu entthronen.

Mit dem Zerfall der Sowjetunion war auch der letzte Schicksalsschlag mit dem Versuch verbunden, Russland in seiner Bedeutung als ernstzunehmende politische Macht abzuwerten. Diese Zeitenwende wurde von vielen mit Skepsis, durchaus aber auch aus unterschiedlichsten Gründen, mit Wohlwollen betrachtet. So wandte sich US-Präsident Donald Trump am 8. Juni 2018 im „Spiegel" an die G7-Partner: „Sie haben Russland rausgeworfen, sie sollten Russland auch wieder aufnehmen." Aufgabe sei es fortan, die Welt zu organisieren und dazu werde Russland gebraucht. „Ich war Russlands schlimmster Albtraum, aber Russland sollte bei diesen Treffen dabei sein."[2]

Einiges hat sich seitdem geändert und es stellt sich die Frage: Warum nahm man eigentlich dieses Land mit seinem relativ kleinen Brutto-Inlands-Produkt zunächst in den Kreis der Weltmächte auf – und warf es dann wieder hinaus?

---

1 http://www.dw.com/ru/43981634
2 http://www.spiegel.de/politik/ausland/donald-trump-eu-lehnt-rueckkehr-von-russland-zur-g8-ab-a-1211995.html).

Wahrzeichen für Kraft und Stolz: Kreml und die Uspensky-Kathedrale

Foto: Archiv Nesawissimaja Gaseta

Interessant erscheinen in diesem Zusammenhang Vergleichszahlen zur Bewertung der Wirtschaftskraft. Gerade der innerhalb der Landesgrenzen produzierte und dem Endverbrauch dienende Gesamtwert aller Waren und Dienstleistungen (Bruttosozialprodukt) ist

14

deshalb ein wichtiger Indikator. Im Jahr 2018 wurde das Bruttoinlandsprodukt (BIP) in Russland auf rund 1,72 Billionen US-Dollar geschätzt. Zum Vergleich: Die Wirtschaftskraft des G7-Landes Kanada betrug 1798,51 Mrd. USD und von Süd-Korea 1693,25 Mrd. USD.[3]

Russland in seinen Grenzen von 1905 bis 2014

Grafik: Michail Mitina

Besonders erwähnenswert ist dabei, dass Russland 2009 während der Weltwirtschaftskrise mit 1313,68 Mrd. USD das schlechteste und 2013 vor dem Ukrainekonflikt mit 2231 Mrd. USD das beste Ergebnis vorweisen konnte.

---

3   https://de.statista.com/statistik/daten/studie/157841umfrager/ranking-der-20-laender-mit-dem-groessten-bruttoinlandsprodukt/

Im Streben nach wirtschaftlicher und politischer Macht gewinnen die G7-Länder an Bedeutung. So trafen sich im Zuge der Öl- und Finanzkrise die Staats- und Regierungschefs der sechs großen Industrieländer bereits 1975 zu einem Weltwirtschaftsgipfel, zu dem ein Jahr später Kanada und 1998 Russland hinzukamen. Die Initiative dazu gingen ursprünglich vom damaligen französischen Präsidenten Valéry Giscard d'Estaing und Bundeskanzler Helmut Schmidt aus. Beide Politiker begründeten somit diesen ersten Weltwirtschaftsgipfel im 50 Kilometer südwestlich von Paris gelegenen Tagungsort Schloss Rambouillet.

Hauptthematik der Staats- und Regierungschefs von Frankreich, Deutschland, den USA, Japan, Großbritannien und Italien war damals der Ideenaustausch zur Lösung der Öl- und Finanzkrise, sowie gemeinsame Maßnahmen für eine wirtschaftliche Erholung. Dazu wurden eine 15-Punkte-Erklärung verabschiedet und jährliche Treffen unter jeweils rotierender Präsidentschaft vereinbart.

Im März 2014, nach der Krim-Annexion, wurde beschlossen, sich bis auf weiteres ohne Russland zu treffen.

Rückblick: Schon 1977 kam es erstmals in London zu direkten Gesprächen der G7 mit der Europäischen Gemeinschaft, deren Beratungsschwerpunkte im Verlaufe der 80er Jahre durch außen- und sicherheitspolitische Themen erweitert wurden. Das betraf damals beispielsweise das langjährige Iran-Irak-Problem sowie die Besetzung Afghanistans durch die Sowjetunion. Erst in Folge der sich andeutenden Entspannung des Ost-West-Konflikts, 1991 luden die G7-Staaten den damaligen sowjetischen Generalsekretär Michail Gorbatschow zu Gesprächen am Rande des Londoner Gipfels ein. Sein engster Berater Anatolij Tschernjajew schrieb später in seinem Buch „Ein gemeinsames Ergebnis" (Moskau, Rosspen, 2010, S. 964), dass Gorbatschow vor allem am 17. Juli

1991 in London im Mittelpunkt des Treffens stand, aber auch über ein Trinkgelage in seinem Flugzeug auf dem Rückflug nach Moskau, mit dem er seine Einladung zum G7-Treffen in besonderer Weise feierte.

Gorbatschow soll sogar eine öffentlich gewordene Provokation des US-Präsidenten Bush vom 23. Juli 1991 ignoriert haben, nach der er angeblich müde und nervös, die Lage nicht beherrschend und nicht selbstbewusst aufgetreten sein soll. Gorbatschow nahm zudem Bushs Äußerung, dass sich der Westen auf Jelzin konzentrieren sollte, nicht ernst. Sein Berater Anatolij Tschernjajew schrieb zwar nicht genau, woher diese Informationen stammten, doch eigentlich schien es für Insider klar, dass sie aus London stammten.

Die spontane Einladung zum G7-Treffen hatte seinerzeit die ehemalige britische Premierministerin Margaret Thatcher ausgelöst. Obwohl sie bereits im Sommer 1991 nicht mehr im Amt war, setzte sie sich persönlich bei US-Präsidenten Bush für Gorbatschows Teilnahme ein. Der damalige sowjetische Botschafter in London, Leonid Samjatin, schrieb in seinem Buch „Gorbi und Maggie" (Moskau, PIK WINITI, 1995, S. 143), dass für Gorbatschow offensichtlich die äußeren Zeichen der Anerkennung seiner führenden Rolle in der Sowjetunion, angesichts der Probleme mit der Opposition, besonders wichtig schienen. Er wollte im Grunde genommen zuerst Zusagen für finanzielle Hilfen seitens des Westens erreichen. Dabei wurde er vor die Wahl gestellt, entweder die US-Forderungen anzunehmen, um diese Unterstützung zu bekommen – oder mit allen seinen Problemen allein fertig werden zu müssen.

So war das Londoner Gespräch mit Präsident Bush mit seinen sechs Punkte umfassenden Forderungen im Grunde genommen für das weitere Verhältnis zwischen dem Westen und der UdSSR das eigentlich Wichtigste.

Samjatin schreibt, dass Bushs Forderungen in allererster Linie die Themen Demokratie, Marktwirtschaft, Föderation als Staatsaufbau, Änderung der Politik im Nahen Osten, die Überwindung des Misstrauens der 50er bis 60er Jahre und die Zusammenarbeit in regionalen Fragen der Weltordnung betrafen. Das bedeutete unverblümt, der bestimmenden Weltpolitik der US-Linie zu folgen, um überhaupt etwas Brauchbares zu erreichen. Gorbatschow verstand damals sehr genau, dass er sonst kaum mit irgendeiner Finanzhilfe rechnen konnte.

Rückblick: Die Vorgehensweise der Teilnahme Gorbatschows an der Beratung der G7-Runde wurde laut Samjatin im engsten Kreis seiner Berater festgelegt. Die UdSSR benötigte damals dringend Wirtschaftshilfen in Höhe von 12 Mrd. USD. Für alle Beteiligten war jedoch auch klar – und Gorbatschow selbst hat es von Anfang an so gesehen – dass es in dieser G7-Runde in allererster Linie nicht ausschließlich um die Hilfe für sein Land gehen würde. Gorbatschow, so schrieb Samjatin, wollte nach seinen Worten „nicht nur mit offener Hand in dieser Runde sitzen". Doch es stand auch fest, das wirkliche Unterstützung nur über die Kanäle der internationalen Finanzorganisationen möglich gewesen wäre. Es sollte vor den G7-Teilnehmern nicht verborgen werden, dass die Sowjetunion auf diese Hilfen angewiesen war, um als funktionsfähiger Staat weiter existieren zu können. Dennoch: Bereits zu diesem Zeitpunkt waren die Zeichen für einen Zerfall der SU nicht zu übersehen.

Erst im Jahre 1998, beim Gipfeltreffen von Birmingham, erfolgte dann mit dem formellen Beitritt Russlands die Aufnahme in den Kreis der weltweit führenden Industrienationen und somit die

Erweiterung zur G8-Gemeinschaft. Im Grunde genommen bedeutete das eine Anerkennung des eingeschlagenen Weges Russlands von einem totalitären Staat zu einer demokratischen Republik und damit zur freien Marktwirtschaft.

Besonders zu erwähnen ist, dass Russland bereits seit dem Treffen der Gemeinschaft im Juni 1995 in Halifax mit der Abstimmung seiner Außenpolitik mit dem Westen begonnen hatte.[4]

Der Nachfolgestaat Russland beteiligte sich dann bis 2013 regelmäßig an den Gipfelgesprächen. 2014 kam es schließlich zu einer Zäsur: Aufgrund der Ereignisse in der Ukraine, die als Verletzung der Souveränität und territorialen Unversehrtheit durch Russland gewertet wurden, beschlossen die sieben Staats- und Regierungschefs den geplanten G8-Gipfel unter russischer Präsidentschaft in Sotschi zu boykottieren, ihre Teilnahme solange auszusetzen, bis Russland seinen Kurs ändere und wieder ein Klima für sinnvolle politische Gespräche entstünde.[5]

Im Gegensatz zu Gorbatschow und Jelzin erschien die Teilnahme an diesem Treffen für deren Nachfolger, Wladimir Putin, offensichtlich nicht so wichtig. Für ihn und viele andere begann sich nach dem Zerfall der Sowjetunion die Welt radikal zu verändern. Die Deutsche Welle untersuchte die Gründe und fragte, ob G7 bereits ein Auslaufmodell, und somit das Ende dieses politischen Formats in Sicht sei. Bislang verstanden sich die Staats- und Regierungschefs der G7 als Gemeinschaft, die sich für eine regelbasierte Werteordnung und zum Multilateralismus, als „internationalen Schulterschluss" bekannte. Diese Werte genossen auch für die deutsche Bundesregierung allerhöchste Priorität, an der

---

4 https://ria.ru/spravka/20070620/67494919.html
5 https://www.g7germany.de/Webs/G7/DE/G7-Gipfel/Geschichtlicher-Ueberblick/geschichtlicher-ueberblick_node.html

nicht gerüttelt werden sollte. Wie die deutsche Bundeskanzlerin Merkel in diesem Zusammenhang immer wieder betonte, „gebe es nichts Besseres als den multilateralen Ansatz, um die uns alle betreffende Gestaltung der Globalisierung nicht Akteuren zu überlassen, die ausschließlich ihre eigenen Interessen und nicht das Gemeinwohl im Sinn haben".[6]

Doch diese Merkelsche Auffassung änderte nichts daran, dass die Harmonie, die viele Jahre lang von den G7-Gipfeltreffen als Signal nach außen vermittelt wurde, der Vergangenheit angehören dürfte. Bekannte Bilder von Staats- und Regierungschefs, die sich in entspannter Runde voller Zuversicht und in bester Laune präsentieren, würde es mit Donald Trump so schnell wohl nicht mehr geben.[7]

Wie der Direktor des Moskauer Carnegie-Zentrums und Publizist Dimitri Trenin in einem Artikel „Auf fünf Jahre vorausblicken – Was der Westen von uns erwartet" schreibt, ist es sicher „dass in der Vorstellung der heutigen russischen Führung der westzentrische Globalismus durch eine Reihe regionaler Vereinbarungen ersetzt wird". Das heißt: Die USA festigen Ihre Positionen in Europa (NATO) und in der indopazifischen Region durch bilaterale Allianzen mit Japan, Südkorea und Australien und gehen neue Partnerschaften mit Indien und Vietnam ein.

In Eurasien versucht China die Initiative „Ein Gürtel – eine Straße" zu realisieren. Es zeigt sich, dass die westlichen Sanktionen gegen Russland die Konzeption der einheitlichen Welt – nach Ende des Kalten Krieges allgemein akzeptiert – zerstört haben. So schenkte Russland seine Aufmerksamkeit regionalen und

---

6 http://www.dw.com/de/ie-g20-und-der-nationalismus/a-43979728
7 http://www.dw.com/de/g7-ein-auslaufmodell/a-44083310)

subregionalen Vereinbarungen wie BRICS, Shanghaier Organisation für die Zusammenarbeit, Eurasische Wirtschaftsunion und den Vertrag über kollektive Sicherheit (Taschkent-Pakt). Was die globalen Foren anbelangte, so galten bzw. gelten für Moskau der UN-Sicherheitsrat und der G20-Gipfel als besonders nützlich.[8]

In diesem Zusammenhang gibt es zahlreiche Auffassungen, die einschätzen, dass Putin durchaus neue Horizonte für Russland zu eröffnen versucht, die dem heutigen Stand der Weltgeschichte entsprechen. Aber der Weg ist nicht einfach, nicht einmal für Putin, und erst recht nicht für Russland, glauben profunde Kenner der politischen Szene.

---

8   https://carnegie.ru/commentary/75904

Kapitel 1

Wer ist Putin?

Ohne Zweifel: Der heutige Zustand der Weltpolitik ist in vielerlei Hinsicht mit den Namen Wladimir Putin verbunden, der mindestens schon seit dem Jahr 2000 die russische Innen- und Außenpolitik bestimmt. Erstmals dokumentiert wurde das mit seiner Unterzeichnung der Verordnung über die Konzeption der Außenpolitik der Russischen Föderation im Juni 2000.

Putin auf dem Weg zur alljährlichen Miitärparade am 9. Mai in Moskau

Foto: Archiv Nesawissimaja Gaseta

Die Frage nach der geschichtlichen Bedeutung seiner Persönlichkeit lässt sich deshalb auch anhand seines Wirkens ab diesem Zeitpunkt beantworten.[9]

Dieses Kapitel beginnt deshalb auch mit einem fast banal klingenden Exkurs zur Rolle des Individuums in der Geschichte, dargestellt als „subjektiver Faktor" in der marxistischen Terminologie, der ja bis zum heutigen Tag Gegenstand hitziger Debatten ist. Selbst populäre Historiker sind heute der Meinung, dass Geschichte nur von großen Männern und Frauen, Königen, Staatsmännern und

---

9   http://www.bpb.de/izpb/9441/russland-und-die-welt?p=al

23

Politikern gemacht wird. Nach geltenden Auffassungen haben diese Persönlichkeiten durch ihre Charaktereigenschaften die Geschichtsschreibung vermutlich wesentlich mitgeprägt, während die Massen offiziell oft nur marginale oder gar keine Rolle spielten. In ihrer Darstellung der Historie war es 1939 die Person Hitlers und 1914 die Ermordung Erzherzog Ferdinands, die die darauffolgenden furchtbaren Kriege auslösten. Den ökonomischen, politischen und sozialen Kräften, die hinter den Kulissen wirkten, wurde weitgehend lediglich geringe Bedeutung beigemessen.

Es gibt aber auch Vertreter einer anderen Denkart, dass nämlich einzelne Individuen – ohne von den bedeutenden objektiven Kräften der Geschichte angetrieben zu sein – überhaupt nichts bewirken können. Sie repräsentieren einen Fatalismus, bei dem der Einzelne, von unsichtbaren Fäden bewegt, lediglich als Marionette dient. Dieser Vorstellung aus der calvinistischen Lehre (wie manche vermuten) liegt zugrunde, dass jede menschliche Handlung – aber auch beispielsweise eine Mondfinsternis – von Gott vorherbestimmt ist. Diese Denkart zeigt sich z. B. auch in Martin Luthers oft zitierten Worten „Hier stehe ich, ich kann nicht anders, Gott helfe mir". Die damit wiedergegebene Dominanz des Schicksals, leugnet jede Vorstellung von individueller Freiheit und unabhängigem Handeln der Massen, die im Laufe der Geschichte oft nur auf die Rolle von Schachfiguren reduziert werden.

Doch diese Ansicht ist aus weltlicher Sicht nicht zu akzeptieren, denn die Geschichte der Menschheit wird von lebendigen Individuen geschrieben. Im Gegensatz zu den Fatalisten streiten die Marxisten die Rolle des Menschen mit seinem Unternehmensgeist, seinem Mut oder auch dem manchmal fehlenden Selbstbewusstsein im sozialen Kampf, keineswegs ab. Gerade diese Kreise sehen ihre Aufgabe darin, das dialektische Verhältnis zwischen den subjektiven Individuen und den die soziale Bewegung bestimmenden objektiven Kräften erkennen zu lernen und aufzudecken.[10]

Wenn wir deshalb im Zusammenhang mit Putins Aufstieg und seinem politischen Wirken erkennen, dass historische Ereignisse nicht vorbestimmt sind, so zeigt sich auch, dass es für die Zukunft mehrere Alternativen gibt, die sich aufgrund der Aktivitäten von Interessengruppen und auch einzelner Personen ändern können. Wissenschaftler haben festgestellt, dass diese Auffassung besonders in der Periode der Globalisierung zunehmend an Aktualität gewinnt. Sie meinen, dass jedes Talent, das gesellschaftliche Bedeutung erfährt, eine Frucht und Ergebnis der jeweiligen gesellschaftlichen Verhältnisse ist.[11/12]

Damit sind wir endgültig bei Wladimir Putin angelangt, für den diese Erkenntnisse auf jeden Fall zutreffen. In einem Punkt stimmen nämlich die Gegner des russischen Präsidenten und selbst die distanziertesten Zeithistoriker mit seinen zahlreichen Anhängern überein: Putin ist in der modernen Geschichte Russlands eine einzigartige und einmalige Erscheinung. Mit seiner Person beschritt ein Mann, aus dem Geheimdienstmilieu kommend, den Weg nach oben, der eigentlich über nichts Besonderes – weder seine Herkunft betreffend, noch über nennenswerte Beziehungen verfügte – Umstände, die ihn aus der Masse hervorheben könnten. Schließlich wird Putin eher durch puren Zufall auf den Stuhl des höchsten russischen Staatsamts katapultiert. Jahre später wird er in der „Forbes Liste" zum wiederholten Male als „mächtigster Politiker der Welt" vorgestellt.

---

10 https://www.marxist.com/rolle-individuums-geschichte.htm
11 https://www.socionauki.ru/journal/articles/138062/
12 http://www.trend.infopartisan.net/trd1116/t101116.html

Dieser hochinteressanten Frage nachzugehen und aufzuzeigen, wie sich mit Putin in der neuesten Geschichte Russlands eine hochinteressante Persönlichkeit durchsetzen konnte, und aus welchen Gründen und subjektiven Sichtweisen heraus er so und nicht anders handelt, ist die Absicht des Autors. Eine moralische Bewertung, Verurteilung oder Zustimmung soll jedoch dem Leser vorbehalten bleiben.

Putins eigentlicher Weg an die Macht begann sehr unspektakulär im Januar 1990. Der relativ kleingewachsene, schlanke Mann stand damals wieder am gleichen „Moskauer Bahnhof" in Leningrad, von dem er fünf Jahre zuvor nach Dresden abgereist war. Welche Erinnerungen mögen in diesem Augenblick das Denken des von der Juristischen Fakultät der Leningrader Universität und zweier KGB-Hochschulen gut ausgebildeten Geheimdienst-Oberstleutnants beherrscht haben? Als Spezialist für Abwehr und als Spion mit dem Einsatzland Deutschland verfügte er über solides Wissen in der Außenpolitik, in der Psychologie und über gute Kenntnisse der deutschen Sprache, die er dann seinerzeit im Laufe seines Dienstes in der DDR noch verfeinern konnte. Putin zeigte sich begabt, brisante Informationen zu beschaffen und zu analysieren, Kontakte mit Menschen anzuknüpfen, ihre Schwächen zu erkennen und ihr Vertrauen zu gewinnen. In dieser Zeit bezeichnet er sich selbst „als Fachmann im Umgang mit Menschen", wie Natalia Timakowa und Andrej Kolesnikow in ihrem Buch „In der ersten Person. Gespräch mit Wladimir Putin" schrieben. (Verlag Vagrius, 2000 /Moskau)[13]

Waren das die entscheidenden Fähigkeiten, die Anfang der 90er Jahre im damals degradierten Russland anwendbar und von Nutzen sein sollten? Über die seinerzeit schwierige Wirtschaftslage in

---

13 http://lib.ru/MEMUARY/PUTIN/razgowor.txt

der ehemaligen Sowjetunion ist schon viel geschrieben worden. Zum besseren Verständnis dazu ein paar Fakten zur Erinnerung: So berichtet der damalige UdSSR-Botschafter Leonid Samjatin in dem bereits erwähnten Buch „Gorbi und Maggie" (S. 93-95) über eine am 26. Juni 1989 in London in „Chatham Haus – The Royal Institute of International Affairs" stattgefundene Veranstaltung, auf der Akademiemitglied Andrej Sacharow, Vater der russischen Wasserstoffbombe und späterer scharfer Kritiker der sowjetischen Parteiführung, über Gorbatschows Reformen und ihre Folgen referierte. Er folgerte aufgrund eigener Erfahrungen, dass sich die Lage in der Sowjetunion immer komplizierter und widersprüchlicher entwickelt, und vor allem die Versorgung der Bevölkerung mit Nahrungsmitteln immer schlechter würde. Der Staat versuche, seine Schulden durch „die Emission des Geldes" zu liquidieren, so dass die Schere zwischen dem Vermögen und den zur Verfügung stehenden Waren immer weiter auseinander klaffe. Angekündigte Wirtschaftsreformen wurden nicht realisiert. Es herrschten vielmehr monopolistische Staatsstrukturen, während sich ganze Regionen im Stadium einer ökonomischen und ökologischen Katastrophe befanden. Nach Meinung Sacharows entstand dadurch eine große Finanzkatastrophe. Die einzige reale politische Veränderung bestand eigentlich nur in der Person Gorbatschow, der damals praktisch über unbeschränkte Macht verfügte.

Jegor Gaidar – 1992 noch interimistischer Ministerpräsident Russlands, später bis 1994 erster Stellvertreter – wurde dann – unter Boris Jelzin – zu einem der Väter der Wirtschaftsreformen Russlands. Über diese Zeit berichtet er in seinem Buch „Der Untergang des Imperiums – die Lehre für ein modernes Russland" (Verlag Russische politische Enzyklopädie, Moskau 2006). So schreibt er über den Vorsitzenden der Zentralbank der UdSSR, der im September 1990 an den Obersten Sowjet der UdSSR über die Rationierung von Nahrungsmitteln in einigen sowjetischen Regionen berichtete. Dabei ging es um die Versorgung mit Fleisch, Zucker, Butter, Pflanzenöl, Tee, Grütze und Teigwaren, die sich immer weiter verschlechterte. „Im Frühling 1990 –", schreibt Gaidar, „während der nächsten Runde der Diskussionen um das Programm der Wirtschaftsreformen – war Gorbatschow nicht in der Lage, irgendwelche Entscheidungen, z. B. zugunsten der radikalen Reformvorschläge von Akademiemitglied Nikolaj Petrakow, als Befürworter der Einführung des freien Marktes – oder die gemäßigten Reformpläne des Akademiemitgliedes Leonid Abalkow, zu treffen". Gerade diese Unentschlossenheit führte zur weiteren Verschlechterung der ökonomischen Verhältnisse.

Auch Putin kannte diese komplizierte Situation aufgrund seiner ständigen Kontakte aus seiner Dresdner Dienstelle mit der Heimat. Im Rahmen der propagierten deutsch-sowjetischen Freundschaft besaß er Zugang zu sowjetischen Zeitungen und unterhielt ständige Kontakte mit Mitarbeitern, die dienstlich aus der Sowjetunion einreisten. Entsprechende Schlussfolgerungen erlaubten auch die Aufträge der KGB-Zentrale an die ausländischen Aufklärungsvertretungen zur Beschaffung von Informationen. Sie standen zunehmend im Zusammenhang mit der Person Jelzin, der schon damals als Gorbatschows Hauptrivale galt.

Der bekannte Historiker und Dissident Roj Medwedew schrieb in seinem Buch „Putins Zeit" (Verlag Wremja, Moskau, 2014), dass Wladimir Putin mit dem Gefühl der Enttäuschung, Demütigung und Irritation nach Leningrad zurückkehrte. Putin selbst sagte darüber auffallend zurückhaltend: „Warum habe ich später das Angebot in Moskau im Zentralapparat (KGB-Hauptverwaltung- Außennachrichtendienst) zu arbeiten, abgelehnt?

Egor Gaidar, 1992 interimistischer Ministerpräsident Russlands

Foto: Archiv Nesawissimaja Gaseta

Ich verstand, dass dieses System ohne Zukunft ist. Und im Inneren des Systems zu sitzen und auf seinen Zerfall zu warten, das war sehr schwer."

Seinem Freund Sergej Roldulgin gegenüber – einem Musiker aus der gemeinsamen Leningrader Zeit – war Putin noch aufrichtiger. Roldugin erinnerte sich an Putins Schmerz und Empörung, als er darüber sprach, dass die UdSSR die DDR-Staatssicherheit in Stich gelassen habe.[14]

---

14 https://libking.ru/books/nonf-/nonf-biography/540483-roy-medwedev
-vremya-putina.html

Das bestätigte auch der ehemalige Bonner UdSSR-Botschafter Valentin Falin, in den 90er Jahren Leiter der Internationalen Abteilung des ZK der KPdSU und später Sekretär des ZK der KPdSU. Er erinnerte in seinem Buch „Politische Erinnerungen" (Droemer-Knaur-Verlag 1993, München) an die letzte Begegnung mit Willy Brandt, Frühjahr 1992. Und schreibt, dass er, als die Honecker-Affäre begann, Helmut Kohl fragte, ob in Archys (im Juli 1990 wurde dort während des Treffens von Gorbatschow und dem BRD-Bundeskanzler das Schicksal der DDR beschlossen) das Thema der Nichtverfolgung der ehemaligen Führer des souveränen Staates DDR zur Sprache gekommen sei. Bundeskanzler Kohl schlug Gorbatschow damals vor, den Personenkreis konkret zu benennen, gegen den keine strafrechtlichen Verfahren eingeleitet werden sollen. Doch der sowjetische Präsident erwiderte, dass die Deutschen durchaus selbst mit diesem Problem fertig würden. In diesem Lichte wird auch Brandts Kommentar verständlicher, den er über Gorbatschows „Unlust", sich mit ihm bei seinem Hamburg-Besuch, 1992, zu treffen, abgegeben hatte: „Der ehemalige sowjetische Präsident und Ex-Generalsekretär hat kein reines Gewissen." (S. 495-496)

Wladimir Putin sah die Tatsache deutlich vor Augen, schrieb später Medwedew, dass der Rückzug der Sowjetarmee aus Deutschland und die Liquidation aller sowjetischen Strukturen in den Ländern Osteuropas durch allgemeine Gleichgültigkeit zum Schicksal vieler Tausender Militärangehörige einerseits und durch Plünderung der Besitztümer und Sachwerte der Armee anderseits, führen würde. Darunter haben die Mitarbeiter der Lagerhäuscr und Militärhandelsorganisationen, aber sogar manche der Kommandanten und Leiter der Spezialdienste persönlich sehr gelitten. Der Rückzug führte zu schlimmen Begleiterscheinungen, die von den Moskauer Behörden nicht beachtet wurden. Was sollte angesichts dieser Umstände, der im Grunde genommen, für viele als ehrlich und aufrichtig geltende Nachrichtendienstoffizier Putin denken und fühlen, der seinem Dienst fünfzehn Jahre seines Lebens geopfert hat?

Medwedew schrieb in diesem Zusammenhang weiter, dass jeder Einzelne zwangsläufig „Anregungen" aufnimmt, die sein Verhalten in der Gesellschaft, sowie seine Berufsauswahl bestimmen. Eigene Erfahrungen bestimmen sein Verhalten, sei er Prediger, Dichter, Gärtner oder Leader der Nation. Ein Nachrichtendienstoffizier, der seiner Heimat geheim dient, erfährt ganz besondere Anregungen für sein weiteres Leben. Nicht Reichtum ist für ihn erstrebenswert, sein Ausgangspunkt und Ziel sind für ihn Patriotismus und Ehre. Das ist eigentlich auch die Erklärung dafür, dass Putin ungeachtet der schwierigen Lage in die Sowjetunion zurückkehrte und nicht, wie manche andere Offiziere der Sowjetarmee, seinen Dienst quittierte und in Deutschland Arbeit suchte. Putin war gezwungen, mit seiner Familie und seinen zwei Kindern im Januar 1990 über einen Ausweg nachzudenken. Im Grunde genommen bot sich ihm nach seiner Leningrader Rückkehr keine wirkliche Alternative.

Am Anfang herrschte auch bei ihm, wie bei vielen anderen, Chaos im persönlichen Leben. Es entstand aus einer Leere, die zwischen der Vergangenheit und Russlands Zukunft klaffte und nach dem Zerfall der Sowjetunion entstanden war. Sie brachte das ganze Land Ende der 80er bis in die ersten Jahre der 90er des letzten Jahrhunderts an den Rand einer wirtschaftlichen Katastrophe und innenpolitischer Anarchie, was schließlich zu einer außenpolitischen Lähmung und Isolation führte. Im Inneren des Landes entstand ein herrschaftsfreier Raum, um dessen wirtschaftliche Aufteilung zuletzt sieben russische Oligarchen wetteiferten. Sie waren im wahrsten Sinne des Wortes „Ergebnis und Konsequenz" der Herrschaft Gorbatschows, die eine vielfach kriminelle Schar von Privatpersonen aus der Schattenwirtschaft ans Tageslicht gespült hatte. Kraft seiner Verfügungen durften sie unrechtmäßig erworbenes Kapital „weißwaschen" und wurden in der Jelzin Ära durch ihren Einkauf in staatliche Schlüsselunternehmen über die berüchtigten Pfandauktionen noch reicher. Die Reichsten und Prominentesten gingen als Oligarchen in die Historie dieser, vor allem für die einfachen Menschen äußerst kompliziert zu überstehenden Zeit ein. Damals errangen fünfzehn Staaten der einstigen Sowjetunion ihre Unabhängigkeit und litten zwangsläufig an all den durch den Austritt auftretenden Problemen eines Nachfolgestaats. Auch das auf Russland verkleinerte Imperium besaß bei seinem Neustart keinerlei außenpolitisches Konzept zur Verteidigung der Landesinteressen, und stand der Politik des Westens gegen den Osten untätig gegenüber.

St. Petersburger FDS-Geheimdienst-Zentrale (früher Leningrader KGB)

Foto: Olga Baumgertner

32

Zeitgleich musste sich Russland gegen die separatistischen Bestrebungen in der Republik Tschetschenien und den Abfall der Völker des Nordkaukasus von seinem Staatsgebiet wehren. Das war eine Fortsetzung politischer Umwälzungen, die in der russischen Geschichte immer schon eine große Rolle spielten. So zum Beispiel als die Oktoberrevolution von 1917 das zaristische System zugunsten der kommunistischen Ordnung beseitigte – und die Kommunisten als alleinige Macht für den Zusammenhalt und die politische Kontinuität der weiteren Entwicklung des Landes sorgten.

Doch siebzig Jahre später schwand auch diese Bindekraft der Partei und beschleunigte den Zerfall der Sowjetunion. Aber auch hier spielte der Zufall eine bedeutende Rolle. So bestand die Auffassung, dass es ein Irrtum wäre, dass Kriege immer den Absichten und zielgerichteten Handlungen entschlossener Akteure entspringen. Der Publizist Jörg Link befasste sich im Deutschlandfunk mit der Rolle von „Zufällen in den Schreckmomenten der Geschichte" und schrieb darüber ein Buch. Als typisches Beispiel nannte er das misslungene Attentat auf Hitler in einem Flugzeug, bei dem der Zündmechanismus versagte. Wäre das Attentat gelungen, hätte es das Ende des Zweiten Weltkrieg bedeuten können. Auch das Attentat von Sarajevo, als „Auslöser" des Ersten Weltkrieges, wurde durch Zufälligkeiten geprägt. Nur weil sich Wilhelm II. nicht richtig durchgesetzt habe, sei der Krieg zwangsläufig ausgebrochen, meinte Jörg Link.[15]

Mit großer Wahrscheinlichkeit gab es auf Putins Weg in der postsowjetischen Hierarchie auch eine ganze Reihe von Zufälligkeiten, die ihm in seiner politischen Laufbahn weiter nach oben bis zum Präsidentenposten geholfen haben. Zeitzeugen und Fachleute

---

15 https://www.deutschlandfunk.de/zufall-und-geschichte-eigentlich-ist-es-ein-versagen-der.694.de.html?dram:article_id=375823

behaupten aber auch, dass die Zufälligkeit oft als eine Form der historischen Notwendigkeit auftritt, wenn sich die Prozesse mit der Notwendigkeit kreuzen. Beispiel dafür wären die Wechselfälle des Siebenjähriger Krieges, wo nach dem Tod der russischen Kaiserin Elisaweta (1761) deren Nachfolger Peter der Dritte beschloss, mit dem preußischen Kaiser Friedrich den sogenannten „Zweiten Frieden" zu schließen. Er war einfach nur sein Verehrer und das hatte wiederum Einfluss auf die Kräfteverhältnisse in Europa.[16]

Oligarchen: Oleg Deripaska aus dem Aluminium- und Energetik- und Viktor Wekselberg aus dem Maschinenbau- und High-Tech-Bereich

Foto Archiv: Nesawissimaja Gaseta

---

16 http://eurasialand.ru/txt/sotsio/36.htm

Auch dieses Ereignis aus der Geschichte beweist, dass der Zufall im Leben immer eine Rolle spielen kann, und Entscheidungen mitbestimmt, die der Mensch auf Grund seiner Kenntnisse und Lebenserfahrungen getroffen hat. Genau diese Erkenntnisse dürften auch für Putin eine Rolle gespielt haben, als er nach der Rückkehr aus Dresden von seiner KGB-Leitung in die ihm bereits vertraute Leningrader Universität geschickt wurde. Ihm kam sehr entgegen, dass dort eine internationale Abteilung arbeitete, über die der Geheimdienst Kontakte mit Ausländern anknüpfen konnte, um sie als Agenten anzuwerben. Zweifelsohne wusste der Rektor, Stanislaw Merkurjew, über Putin sehr gut Bescheid und konnte ihn aufgrund seiner Kenntnisse und Erfahrungen gezielt einsetzen, zumal die für ihn gedachte Stelle aus dem KGB-Haushalt bezahlt wurde. Für Putins gutes Verhältnis zu Merkurjew sprach auch, dass er 1990 als Begleiter von Merkurjew anlässlich dessen Reise mit dem damaligen Dozenten Anatolij Sobtschak nach New York ausgewählt wurde. In Wirklichkeit war alles einfacher, denn zu Sowjetzeiten war es üblich, dass alle Delegationen im Ausland stets von offiziellen oder nichtoffiziellen KGB-Mitarbeitern begleitet wurden. Für Putin bot diese Reise aber auch eine große Chance, seine Verbindung mit Sobtschak zu festigen und so in New York das Angenehme mit dem Nützlichen zu verbinden. Gleichzeitig konnte er Kontakt zu den in New York tätigen KGB-Mitarbeitern aufnehmen, um sich über Einzelheiten des Delegationsbesuches zu verständigen. Dazu kam, dass solche Reisen auch ganz privat genutzt wurden, um in Russland schlecht zu bekommende Mangelware möglichst preiswert einzukaufen. Bei gemeinsamen Abenden wurde ausgiebig gefeiert und Männerfreundschaften entsprechend gefestigt, die sich für die spätere berufliche Laufbahn von Wladimir Putin als äußerst nützlich erweisen sollten.

Putins Arbeits- und Bildungsstätte: St. Petersburger Universität

Foto: Olga Baumgertner

Als Sobtschak dann später als Vorsitzender des Leningrader Sowjets zum Stadtoberhaupt gewählt wurde, folgte er den Empfehlungen von Merkurjew und stellte Putin in seiner Administration ein. Selbst die KGB-Leitung in Leningrad zeigte sich ausdrücklich einverstanden, weil sie so die Rolle Sobtschaks in der demokratischen Bewegung besser kontrollieren konnte.

Es gibt aber auch eine andere Version für diese Konstellation. So wird Putin im Buch der bereits erwähnten Natalia Geworkayn dahingehend zitiert, dass er selbst seine Leitung vor die Wahl gestellt habe, entweder ihm zu erlauben zu Sobtschak zu gehen – oder den KGB zu verlassen. Es ist aber auch nicht ganz von der Hand zu weisen, dass diese Entscheidung seiner KGB-Führung relativ gleichgültig war, weil sich der Geheimdienst bereits im Stadium des Verfalls befand. Laut Putin gestaltete sich seine KGB-Arbeit seitdem nur noch rein formell.

Der Putsch gegen Gorbatschow in der Nacht von 18. auf 19. August 1991 wurde für Putin zu einer echten Herausforderung betreffs seiner politischen Haltung. Sein damaliger KGB-Chef Wladimir Krütschkow stand schließlich an der Spitze der Putschisten und Putin musste nun als KGB-Offizier im Zusammenhang mit dem erklärten Ziel, die demokratische Entwicklung der Sowjetunion zu verhindern, Flagge zeigen. Das wiederum bot ihm die Möglichkeit, sein Engagement für eine Demokratisierung auch nach außen hin zu demonstrieren. Im erwähnten Buch betont er seinen Entschluss dazu. Fortan begleitete er Sobtschak bei allen seinen Treffen und Versammlungen, half den demokratischen Widerstand gegen die Putschisten zu organisieren und war bereit, bei der Waffenverteilung gegen sie aktiv Hilfe zu leisten.

Am 20. August 1991 beantragte er dann zum zweiten Mal sein Ausscheiden aus dem KGB-Dienst.

Sicher war der Putsch für Putin mehr ein zufälliger Anlass, sich zu entscheiden und seine Beziehungen zu Sobtschak weiter zu festigen. Seine Haltung während dieser Zeit widerspricht allerdings auch den Behauptungen mancher Putin-Gegner, dass sein Weg nach oben ein Projekt des KGB selbst war. Als ein weiterer Zufall bei seinem politischen Aufstieg ist die Hilfe durch den in Ungnade gefallenen Sobtschak zu werten, der später selbst und für Putins Kandidatur als Nachfolger von Jelzin eine fast entscheidende Rolle spielte. Bereits im Jahre 1995, als Sobtschak noch an der Spitze seiner Popularität stand, gab es markante Anzeichen dafür, dass er als Rivale gegen Jelzin bei den bevorstehenden Präsidentenwahlen 1996 antreten könnte. Genau aus diesem Grund starteten einflussreiche Kreise aus Jelzins Umgebung im Dezember 1995 eine Kampagne gegen Sobtschak. Zu ihnen zählte der Generalstaatsanwalt Yuri Skuratow, der Leiter von Jelzins Sicherheitsdienst, Alexander Korshakow, und der als Nachfolger gehandelte Oleg Soskowets, 1991 Ex-UdSSR-Metallurgieminister und bis zum 29. Juni 1996 erster Stellvertreter des russischen Ministerpräsidenten. Weitere Persönlichkeiten der sogenannten Moskauer Jelzin-Gruppe waren der Direktor des Föderalen Sicherheitsdienstes Michail Barsukow und der damalige Innenminister Anatolij Kulikow.

Aleksej Kudrin (rechts) – Finanzminister Russlands
(heute Rechnungshofchef) mit dem damaligen Leningrader Politiker
aus der Umgebung Sobtschaks und bis 28.01.2020 Stellvertreter
des Ministerpräsidenten, Vitalij Mutko

Foto: Archiv Nesawissimaja Gaseta

Unterdessen wird behauptet, dass diese Kampagne von Soskowets organisiert und von Skuratow durchgeführt wurde. Nach der Niederlage Sobtschaks bei den Gouverneurswahlen in

St. Petersburg 1996 wurde er deshalb der Korruption angeklagt und konnte dank Putins Unterstützung nach Frankreich fliehen.

Als ein sehr bedeutender entscheidender Zufall im Leben von Wladimir Putin erwies sich das Angebot seiner Freunde aus Sobtschaks Umgebung, in Moskau in der Präsidenten-Administration zu mitzuarbeiten.

Alte Bekannte und frühere Mitarbeiter, wie Kudrin, Tschubais oder Medwedew lancierten ihn direkt in Jelzins Umgebung. Als Hauptakteur dieser Aktion fungierte hier Aleksej Kudrin, der später unter Putin zum Hauptbefürworter der Wirtschaftsreformen wurde – und sogar zum Finanzminister aufstieg.

Kapitel 2

Wie Putin in den
Präsidenten-Sessel katapultiert wurde

Die Situation der untergehenden Sowjetunion erinnert an Ereignisse, die das frühere Moskauer Reich von 1604 bis 1618 in die Zeit großer Wirren stürzte. Schon die politische Ordnung der Dynastie unter der Herrschaft des Fürsten Rurik von Novgorod um die Jahre 862 bis 879, der den altrussischen Staat Kiewer Rus gegründet und die Zarendynastie begründet haben soll, zerbrach.

In jenen Jahren entstand ein Machtvakuum, in dem damals sieben Bojaren um das Szepter buhlten und das Land innenpolitisch zerrütteten. Fünf davon waren Fürsten – vielleicht mit dem heutigen Begriff „Oligarchen" zu vergleichen – die ein Regime führten, das dem eines Zaren gleichkam. Einen ähnlichen Vergleich der damaligen Situation mit der Lage Anfang der 90er Jahre machte Boris Beresowski – selbst einer der führenden russischen Oligarchen – in einem Interview mit der Financial Times im Oktober 2014. Petr Aven zitiert ihn in seinem Buch „Beresowskis Zeit" (Moskau, Verlag AST, 2018, S.257) mit der Auffassung, dass sieben „Finanzpersonen" de facto Russland verwalteten. Die äußerst aktive bestimmende Rolle der Oligarchen in der Verwaltung des Landes bestätigte auch Anatolij Tschubais, der zu Jelzins Zeiten als treibende Kraft für die Privatisierung galt und selbst hohe Posten in der russischen Regierung und in der Administration des Präsidenten bekleidete. Im oben genannten Buch von Petr Aven nennt er zum Beispiel den unmittelbaren Einfluss Beresowskis auf Kaderentscheidungen der

Regierung. Seine Nähe zu den Schlüsselpersonen der russischen Regierung, u. a. zu den Vize-Ministerpräsidenten, soll grenzenlos gewesen sein.

Anatolij Tschubais, Vorstandvorsitzender der High-Tech Firma Rosnano

Foto: Archiv Nessawisimaja Gaseta

In ganz früherer Zeit – um 1604 – in einer für Russland gleichfalls komplizierten Lage, nutzten die durch Staatsunion verbundenen Nachbarmächte Polen und Litauen die entstandene Leere und mischten sich, sogar mit Waffeneinsatz, in die inneren Angelegenheiten Russlands. Diese weit zurückliegenden Erlebnisse und Erfahrungen der Geschichte gruben sich in das kollektive Gedächtnis der russischen Bevölkerung ein, ähnlich wie auch die spätere Oktoberrevolution und deren Folgen. Noch heute nehmen sie Einfluss auf das politische Denken und Handeln. Selbst Anfang der 90er Jahre schien es in Russland, als wiederhole sich Überliefertes und es wurde wieder einmal das Unterste zuoberst gekehrt. Zeitgenossen bedauern noch im Nachhinein diese äußerst schwierige Epoche, welche die Bevölkerung einem täglichen Überlebenskampf mit Mangel und Hunger auslieferte, und keine Aussicht auf einen glücklichen Ausgang bot.

Gorbatschows verkündete Idee des Umbaus in eine zukunftsfähige sowjetische Gesellschaft fand kaum Anklang, währenddessen viele russische Politiker ihren eigenen Vorteilen nachjagten. Selbst In der Endphase der Ära Gorbatschow fehlten die politischen Triebkräfte für eine Umgestaltung und es fehlte einfach die Kraft, den öffentlichen Widerstreit für eine neue Zukunft zu nutzen. Das gesamte Land schien in Auflösung begriffen, glich einem Chaos bis in die Zeit Jelzins hinein, brachte selbst hoffnungsvolle Karrieren zum Absturz und stattete den „General Zufall" mit unerwarteter historischer Machtfülle aus.

Boris Jelzin war bereits krank, als es zu Gorbatschows Ablösung in den Kreml kam. Dazu der ehemalige Leiter des Präsidenten-Sicherheitsdienstes, Alexander Korshakow, in seinem Buch „Boris Jelzin: Von Morgendämmerung bis Sonnenuntergang" (Moskau 2004, Detektivpress), über Jelzins ersten Herzinfarkt am 11. November 1993, dem noch vier weitere folgten. Auch Aven schrieb, dass damals im Mittelpunkt stand, ob der Kommunistenführer Süganow neuer russischer Präsident würde. Seine Chancen standen günstig, auch weil Jelzin entsprechend den Umfragen nur 8 bis 9 Prozent der Stimmen erwarten konnte. Die Kommunisten sahen sich von Anfang an weit vorn, weil sie 1995 bei den Wahlen zur Duma bereits mehr als 20 Prozent der Stimmen erreichten, während Jelzins Partei „Unser Haus Russland" nur 10 Prozent zu verzeichnen hatte. Für den schwer kranken Boris Jelzin stellte sich ohnehin vor den Präsidentenwahlen 1996 die Frage nach einem Nachfolger. Der einst so populäre Volksheld aus dem Jahr 1991 stand fünf Jahre später vor dem Ende seiner Kariere.

Boris Jelzin und seine Frau Naina, neben dem Präsidenten des russischen
Tennisverbandes Schamil Tarpischtschew, einem engen Freund.

Foto: Archiv Nesawissimaja Gaseta

Korshakow stellt zu dieser Zeit in seinem Buch die Frage nach
Korshakow stellt zu dieser Zeit in seinem Buch die Frage nach
einem möglichen freiwilligen Rücktritt des Präsidenten. Seine
Folgerung scheint als Antwort überzeugend: „Wenn sich Menschen, die nichts zum Essen haben und vom gegenwärtigen Regime in die Ecke getrieben werden, vor dem Kreml versammeln,
wird Jelzin auf sein Amt verzichten müssen.

Doch was hielt Jelzin noch davon ab? Narkotischer Machtbesitz,
Unkenntnis der realen Situation? Sturheit oder Angst vor Verantwortung für die eigenen Taten? ... alle Fragen würden mit Ja
beantwortet werden können".

Für Jelzin und sein gesellschaftliches Umfeld war in erster Linie
die „Familie" wichtig (wie die Presse es korrekt wertete), zu der

nahestehende Politiker wie Valentin Yumaschew und Alexander Woloschin (früherer Leiter des Präsidentenbüros), seine Tochter Tatjana Djatschenko, die Oligarchen Boris Beresowsk und Roman Abramowitsch gehörten. Sie unternahmen alles, um Stellung und Reichtum zu bewahren und auszubauen. Gesucht wurde deshalb vor allem ein willfähriger Nachfolger, von dem sie nichts zu befürchten hatten und der ohne große, eigene bereits etablierte Gefolgschaft die vorhandenen eingespielten Finanzströme zu ihren Gunsten nicht ändern würde.

In die engere Wahl als Nachfolger kamen deshalb eigentlich nur solche Persönlichkeiten, die sich bereits in ihrem Sinne bewährt hatten. So der bereits erwähnte Soskowets, Ex-Ministerpräsident Tschernomyrdin, Eugenij Primakow, Sergej Stepaschin, Vize-Ministerpräsident Boris Nemtsow, der damalige Sekretär des russischen Sicherheitsrates General Alexander Lebed und der Moskauer Bürgermeister Yuri Lushkow. Doch im Grunde genommen war keiner von ihnen für die von der „Familie" deklarierten Ziele ohne Makel. Im Grunde genommen konnten einige von ihnen ihm durchaus sogar politisch – wie Primakow oder geschäftlich wie z. B. Lushkow – gefährlich werden. Andere hatten schwerwiegende politische oder wirtschaftliche Fehler begangen, so dass sie im Wahlkampf angreifbar waren.

Am 3. August 2015 veröffentlichte Natalia Golizyna von Radio Swoboda einen Artikel mit dem Titel „Wie haben wir durch Putin einen Fehler begangen", in dem der in Ungnade geratenen Ex-Banker und jahrelange Senator im Föderationsrat, Sergej Pugatschew, Einzelheiten über die internen Kreml-Machtkämpfe 1996 berichtete, als Putin von seinen Freunden aus der Zeit mit Sobtschak nach Moskau geholt wurde.[17] Bereits damals befürchtete Jelzin

---

17 https://www.svoboda.org/a/27165797.html

einen Umsturz seitens einer Gruppe mit Generalstaatsanwalt Yuri Skuratow an der Spitze, zu der auch der erwähnte Korshakow zählte. Putin, der bereits eine wichtige Kontrollverwaltung in der Präsidentenadministration geleitet hatte, wurde auch aus diesen Gründen zum Chef des Föderalen Sicherheitsdienst (FSB) ernannt. Er sollte als Gegengewicht zu den anderen Sicherheitsdiensten fungieren und galt wegen seiner Arbeit bei Sobtschak als liberal, mit guten Kontakten zu anderen leitenden Mitarbeitern in seiner Umgebung, die bereits im Kreml wichtige Posten bekleidet hatten. Als Leiter der Kontrollverwaltung war er schließlich sehr erfolgreich bei der Aufdeckung zahlreicher Korruptionsfälle von hohen Regierungsbeamten, was wiederum Jelzin sehr beeindruckte.

Im Zusammenhang mit der Finanzkrise 1998 wurden vor allem die wirklichen Kräfteverhältnisse im Kreml sichtbar. Gegen zahlreiche potenzielle Konkurrenten, wie Lushkow oder Primakow, der nach dem zum Sündenbock der Finanzkrise abgestempelten Ministerpräsidenten Kirienko dessen Posten einnahm, machten sie für Putin praktisch den Weg zum Sessel des Ministerpräsidenten frei. Der deutsche Politologe Alexander Rahr verdeutlicht dies in seinem Buch „Wladimir Putin – Ein ‚Deutscher' im Kreml" (OLMA-Press, Moskau 2002) sehr ausführlich über die Jahre 1998 bis 1999.

Es gibt aber auch sehr widersprüchliche Meinungen darüber, ob Putins Kandidatur als Jelzins Nachfolger auch von den damaligen Oligarchen favorisiert wurde. In einem Interview für Radio Swoboda bejaht das zumindest Pugatschew und berichtet, dass laut Beresowski er selbst und Abramowitsch ihren Favoriten Putin mit je 25 Mio. USD unterstützt hätten.

Nach Angaben des nach seiner Rückkehr aus Amerika der russischen bürgerlichen Organisation „Offene Gesellschaft" von

George Soros angehörenden sowjetischen Dissidenten Alexander Goldfarb, finanzierten die beiden Oligarchen die Präsidentenwahlen über die ihnen je zur Hälfte gehörende Erdölfirma Sibneft. Goldfarb beruft sich dabei auf den langjährigen Geschäftspartner Beresowskis, Badri Patarkazischwilli, der sogar von je 125 Mio. USD für Putins Wahlkampf im Jahr 2000 seitens Beresowski und Abramowitsch spricht.

Das war letzten Endes auch Streitpunkt für ein Gerichtsverfahren der beiden Teilhaber 2012 in London, nachdem Abramowitsch für das halbe Unternehmens Sibneft den Kaufpreis um 125 Mio USD verringert hatte. Beresowski verlor diesen Prozess. Dies soll letztlich auch einer der Gründe für seinen Selbstmord im Jahre 2013 gewesen sein, wie Aven in seinem Buch spekuliert.

Die Auffassung von Jelzins Schwiegersohn Valentin Yumaschew, der zur „Familie" gehörte (bis er Ende 1998 durch Woloschin ersetzt wurde) und Leiter der Präsidentenadministration war, ist dazu besonders bemerkenswert: In Avens Buch wird er zitiert, dass der entscheidende Schritt für Putins Aufstieg in das Leitungsgremium des Präsidenten durch Anatolij Tschubais erfolgte (S. 425), der seinerzeit Yumaschew empfahl, Putin auf den Posten des Ersten Stellvertreters des Administrationsleiters zu setzen. So konnte Putin vor allem einen direkten Kontakt und vertrauliche Aussprachen unter vier Augen nutzen – und somit seine persönlichen Beziehungen zu Jelzin stärken.

Ein weiterer entscheidender Zufall, der Putins Aufstieg begünstigte, war der Angriff auf das Territorium Dagestans durch tschetschenische Separatisten unter Führung von Bassajew und dem aus Saudi-Arabien stammenden Söldner Khattab, bei dem es um die Gründung eines islamischen Staates im Nordkaukasus ging. Diese kriegerischen Auseinandersetzungen fielen schließlich zu

Gunsten Putins aus und Jelzin entschied sich für ihn, obwohl auch Ministerpräsident Stepaschin als möglicher Kandidat im Gespräch war. Stepaschin wurde damals vor allem angelastet, dass er keinerlei Maßnahmen gegen den Angriff der tschetschenischen Separatisten und für die Festigung der Grenze zu Tschetschenien unternahm. Nach seinem Plan wollte er Tschetschenien durch militärische Einheiten isolieren, weil er nach den vielen Opfern einen weiteren Krieg befürchtete. Strategisch gesehen hätte dieses Vorhaben den islamistischen Terrorismus jedoch nicht vernichtet. Das wurde Stepaschin schließlich zum Verhängnis.

Verwundete russische Soldaten in Tschetschenien

Foto: Archiv Nasawissimaja Gaseta

Gerade Tschetschenien war seit dem Anfang der 90er Jahre ein riesiges Problem und spielte eine bedeutsame Rolle für den Zusammenhalt Russlands. Die Verhältnisse waren besonders kompliziert, denn während der Stalin-Zeit im Frühjahr 1944 wurden viele Tschetschenen und Inguschen (ein den Tschetschenen verwandtes Volk) als angebliche Verräter bei der Besetzung des Nordkaukasus durch die deutsche Wehrmacht im Zweiten Weltkrieg nach Kasachstan und Kirgisien deportiert, die Republik liquidiert und das Territorium dem Stawropoler Krai zugeordnet.

Bis heute gibt es jedoch keine überzeugenden Beweise für eine damalige Massenkollaboration der Bevölkerung dieser nord-kaukasischen Republik, und die Deportation wird als reiner Willkürakt des Stalin-Regime betrachtet. Nach Stalins Tod wurde 1957 die Rückkehr der Tschetschenen und Inguschen auf das Gebiet der ehemals Autonomen Republik beschlossen und der alte Zustand wiederhergestellt. Dabei erhielt das Land auch einen Teil des Territoriums zugesprochen, das früher mit seiner russischen Bevölkerung zum Stawropoler Krai gehörte. Während der politischen Ereignisse im Zusammenhang mit der Verkündung seiner Unabhängigkeit spielte diese Tatsache eine wichtige Rolle, um Tschetschenien letztlich zu zwingen, in Russland zu verbleiben. Doch die erlittenen Ungerechtigkeiten blieben in der Seele der Menschen bis heute haften und begründen letzten Endes das Streben der Tschetschenen nach Unabhängigkeit.

Im November 1990 gab es eine Beratung des Nationalen Rates dieser damals in Rahmen der UdSSR autonomen Republik Tschetscheno-Inguschetien, auf der die Unabhängigkeit auf der Tagesordnung stand, die dann am 8. Juni 1991 deklariert wurde. Durch den Einfluss der KPdSU und der amtierenden sowjetischem Behörden entstand in diesem Land jedoch eine unvorhergesehene Doppelherrschaft. Der Wahl am 27. Oktober 1991 des auf Seiten der Separatisten stehenden sowjetischen

48

Ex-General Dschohar Dudajew zum Präsidenten gingen sogar bewaffnete Kämpfe seiner Gefolgschaft und seinen Gegnern voraus, die in Russland bleiben wollten. So war Tschetschenien von Oktober 1991 bis November 1994 und später von September 1996 bis zum August 1999 de facto unabhängig. Am 12. Mai 1997 wurde zwischen Tschetschenien und Russland sogar ein Vertrag über die Beziehungen zweier souveränen Staaten unterschrieben

Russische Panzer in Tschetschenien

Foto: Igor Rotar

Jelzins Versuch, mit militärischer Gewalt Tschetschenien zu zwingen, in Russland zu bleiben, hatte ursprünglich keinen Erfolg und führte zu langwährenden Auseinandersetzungen. Historiker streiten noch heute darüber, ob die russischen Versuche, das Land zurückzuholen, nicht gar zur weiteren Verbreitung des radikalen Islams im abtrünnigen Staat geführt haben. Es besteht

u. a. die Auffassung, dass gerade die Unabhängigkeitsbewegung der moslemischen Republiken der Ex-UdSSR bei den islamischen radikalen Kräften in der Welt Hoffnungen erweckten, auf dem Territorium der ehemaligen Sowjetunion einen islamischen Staat gründen zu können. Aus diesem Zusammenhang resultiert die Frage, warum Russland so sehr an Tschetschenien interessiert ist. Allgemein wurde befürchtet, dass die Abspaltung des Landes zu einer Kettenreaktion führen würde. Nach seinem Beispiel hätten auch Tatarstan, Kalmykien, Jakutien und die nordkaukasischen Republiken folgen „müssen". Der Verlust des Nordkaukasus führte z. B. auch zum Verlust der russischen Kontrolle über das Kaspische Meer. Bemerkenswert ist deshalb die Antwort Putins auf die Frage der Autoren des bereits erwähnten Buches „Vom ersten Gesicht: Gespräche mit Wladimir Putin" bezüglich seiner Position hinsichtlich der Unabhängigkeit Tschetscheniens. Er gab sich davon überzeugt, dass es auch durch die Unabhängigkeit keinen Frieden geben wird, weil das Land seiner Meinung nach weiterhin als Stützpunkt für weitere Angriffe auf Russland dienen würde. Würde der tschetschenische Angriff auf Dagestan nicht gestoppt, wäre Russland als Staat im heutigen Umfang nicht mehr existent. Diese Auffassung dürfte seinerzeit auch Jelzin bewogen haben, Putin für den Posten des Ministerpräsidenten vorzuschlagen. Das wird auch im Buch von Aven „Die Zeit von Beresowski" (S. 442) durch Alexander Woloschin bestätigt. In einem Gespräch im Juli 1999 mit Woloschin und dem Präsidenten von Tatarstan, Mintemir Schaimiew, soll Jelzin gesagt haben, dass er die Regierung von Stepaschin zurücktreten lässt und Putin zum Ministerpräsidenten befördern will. (S. 444)

Alexander Woloschin,
heutiger Vorstand des Direktorenrates der Ersten Transport Gesellschaft
Foto: Archiv Nesawissimaja Gaseta

Kapitel 3

Putins Seele

Im Buch „Wladimir Putin – Der Deutsche im Kreml" bemerkt Alexander Rahr über Putin, dass er die internationale Lage vom Standpunkt des einstigen Nachrichtendienstoffiziers – und damit natürlich voreingenommen – sähe. Dabei ist bekannt, dass Geheimdienstler immer von einer möglichen negativen Entwicklung der Ereignisse ausgehen und sie in den unterschiedlichsten Varianten betrachten. Ihre Erkenntnisse spielen keine Sonderrolle, weil sie sich im Prinzip nur auf objektive Tatsachen beziehen können, und sich deshalb auch in der Regel eigentlich kaum von einer diplomatischen oder wissenschaftlichen Einschätzung unterscheiden. Nachrichtendienste benutzen zwar neben allgemein zugänglichen Materialen auch geheime Quellen, ihre Erkenntnisse gewinnen deshalb oft großen Einfluss und können zu radikalen Veränderungen führen. Auch deshalb ist Putin im Grunde genommen in seinem Denken und Handeln einem Diplomaten, oder auch einem Wissenschaftler ähnlich – der an der Universität und speziellen Schulen ausgebildet – aus diversen unterschiedlichen Materialien ein schlüssiges Konzept entwickeln kann.

Der französische Philosoph und Redakteur einer philosophischen Zeitschrift, Michel Eltchaninoff, bestreitet allerdings in seinem Buch „In Putins Kopf" (Tropen Verlag 2015), Putins Intellektualität mit dem Argument, Putin zöge „das weite Land und die körperliche Ertüchtigung der Enge der literarischen Salons vor".

Doch diese Seite Putins ist eher als ein Ausdruck seiner Selbstdarstellung zu sehen, der mit den Besonderheiten der führenden sowjetischen und russischen Persönlichkeiten der letzten Jahre verbunden ist. So stand der gesundheitsbewusste Putin von Anfang an mit seinem Lebensstil im Gegensatz zu dem kranken Genussmenschen Jelzin.

Die allgemeine Volksbegeisterung – auch darüber – ist heute ganz sicher für einen modernen Politiker ein mitentscheidendes Kriterium für die Beurteilung seiner Tätigkeit.

Besonders im Geheimdienstbereich ist eine hohe Intelligenz Voraussetzung für den Erfolg, denn nur mit Klugheit, Kontaktfreudigkeit und besonderen Fähigkeiten lassen sich Menschen anwerben und überzeugen. Für einen Spion, der andere zum Instrument seines Willens umfunktionieren möchte, bedeutet das Klugheit und Überzeugungskraft! In dessen Sichtfeld befinden sich Menschen verschiedener Altersgruppen und Geschlechts aus den unterschiedlichsten Bereichen – Professoren, Studenten, Beamte, Politiker, Journalisten – und vielleicht auch Philosophen. Ihnen allen muss er mindestens geistig gewachsen oder sogar überlegen sein, um seinen Job erfolgreich zu machen. Für ihn ist eine ständig aktuelle Situationsanalyse besonders wichtig, um richtige Entscheidungen zu treffen, weil sie – wie es sich auch in Putins Laufbahn zeigt – auf das Land und das Volk Einfluss haben.

In der Zeitschrift „Russischer Reporter", 2012 – Nr. 40, wurde zu dieser Thematik ein Interview unter dem Titel „Warum Spione den Wissenschaftlern ähnlich sind" von Innokentij Peshkov mit Andrej Besrukow und Donald Howard Heathfield veröffentlicht. Nach Meinung von Andrej Besrukow besitzt die nachrichtendienstliche Tätigkeit sogar einen patriotischen Charakter und wird deshalb sehr oft zur Grundlage weitreichender politischer Erkenntnisse und Handlungen. Besrukow selbst arbeitete als Leiter der illegalen russischem Geheimdienstniederlassung in den

USA. 2010 wegen Verrat enttarnt, wurde er gegen den damaligen Ex-Geheimdienstoffizier Skripal ausgetauscht, der – wie bekannt – in England unter bizarren Umständen vergiftet wurde.[18]

Auch das spricht für den politischen Aufstieg Wladimir Putins: Geheimdienstexperten sollten in der Lage sein, sich jederzeit auf ihre Aufgaben einzustellen und vorzubereiten, um erfolgreich zu sein. In der höchsten Klasse ihrer geheimen Tätigkeit müssen sie auf aufgrund von Details ein umfassendes Abbild der kommenden Ereignisse voraussagen können. Besrukow erklärt es so, dass er sofort erkennen muss, was seine Kontaktperson am nächsten Morgen denken wird. Dessen Überlegungen vom Vortag sind für ihn längst „Schnee von gestern". Allein deshalb müssen Spione hochintelligente und wache Personen sein und auch für ihre Aufgaben aus Überzeugung „brennen". Unter dieser Betrachtungsweise ist vor allem Patriotismus in Putins Denken und Handeln als wichtigstes Motiv seines Wirkens anzusehen.

Im Zusammenhang mit seinen ideologischen, politischen und philosophischen Vorstellungen und Kenntnissen ist besonders hervorzuheben, dass Putin in der ehemaligen Sowjetunion aufwuchs und in erster Linie zum Materialisten und Atheisten erzogen wurde. Das sind wichtige Gründe, um im Rahmen der Geheimdienstorganisation, der er fünfzehn Jahre lang angehörte, zu überleben und erfolgreich zu sein. Dazu kam, dass sich der strebsame Putin an der Universität und in den Schulen des KGB in erster Linie mit den Erkenntnissen von Karl Marx und Friedrich Engels beschäftigen musste, aber auch Einblicke in die Werke der Philosophen Kant, Hegel und des Schriftstellers Lion Feuchtwanger bekam. Zur Vorbereitung seiner Dissertationsarbeit 1997 gehörte – so wie bei allen Aspiranten – auch ein

---

18 http://expert.ru/dossier/author/innokentij-peshkow/

separates Examen in Philosophie. Eine nicht leichte Aufgabe, wie ich durch eigenes Beispiel belegen kann.

Die Niederlage der kommunistischen Idee in der Sowjetunion ging auch an Putin nicht vorüber und beeinflusste sein künftiges Denken und Handeln. Er folgte den neuen Ideen und Überlegungen, die durch die Auflösung der KPdSU-Strukturen in der Armee und im Sicherheitsapparat Ende der 80er Jahre durch Gorbatschow Unterstützung erfuhren. In der neuen Zeit wollte Putin parteilos bleiben, weil auch er meinte, dass die großen tiefgreifenden Umwälzungen und Unternehmungen parteiunabhängig bleiben sollten. Demjan Kudrajwzew, russischer Journalist und von 2006 bis 2012 Generaldirektor von „Kommersant", einem der damals führenden Verlagshäuser Russlands, sagte Petr Aven im Interview, dass Jelzins Umgebung mit Putins Ernennung zum Ministerpräsidenten und zu seinem späteren Nachfolger statt „eines fantastischen Nicht-Demokraten einen undemokratischen Liberalen bekommen habe".

Kudrajwzew erinnerte daran, dass in Moskau nach dem Prinzip des chilenischen Diktators Pinochet (1973-1990) – so schreibt Aven – „nicht die Methoden wichtig waren, sondern das Wohin" (S. 466). „Der Zweck heiligt die Mittel" (Il fine giustifica imezzi) entsprach auch der Auffassung des italienischen Politikers Niccolo Machiavelli. Autoritäre Denkweisen, so sagte Kudrajwzew, gehörten zu den Eigenschaften der damaligen Zeit, die in den 90er Jahren bei allen vorzuherrschen schienen.

Im gleichen Zusammenhang sind aber auch andere Eigenschaften Putins besonders zu erwähnen. Eltchaninoff erwähnt u. a. in seinem Buch „In Putins Kopf", dass dessen persönliche Philosophie – einmal abgesehen von seinen Sympathien für die einstige Großmacht Sowjetunion – weder aus Paris noch aus Berlin, sondern aus Japan stamme. Ein weiterer Grund für seine nationale und internationale Popularität wäre z. B. sein allgemeines Renommee als Judo-Sportler. Putin bemerkte im Jahr 2000 dazu, dass Judo nicht nur ein Sport, sondern auch eine Philosophie sei. 2013 fügte er dem hinzu, dass dieser Sport einzigartige Kampftechniken und eine ursprüngliche und tiefgründige Philosophie vereint, die die besten menschlichen Eigenschaften schult. Wie Eltchaninoff schreibt, zeigt auch das wiederum, was Judoka über die Anliegen der Politik verstehen.

In einem Interview mit japanischen Journalisten wird Judo interessanterweise als „Weg des sanften Nachgebens" bezeichnet. Bezüglich der Politik, folgert demnach Eltchaninoff, sagen die Judo-Grundlagen aus, die Probleme nicht mit roher Kraft anzugehen, sondern mit Können, Taktik und natürlich mit Willensstärke. Wenn wir daran denken, dass der relativ kleine Putin schon in seiner Jugend lernen musste, im Streit mit andere als erster zuzuschlagen, dann ist seine heutige Reaktion im Zusammenhang mit der Verschärfung der außenpolitischen Situation auf der Welt besser zu verstehen.

Jelzin und seine Umgebung brauchten damals, aufgrund der dem faktischen Bürgerkrieg von 1993 ähnelnden Umstände und einer starken kommunistischen Opposition und deren Verbündeten in der Duma, genau eine solche Persönlichkeit. Es schien so, dass nur mit Putin ein mögliches Abgleiten nach Links verhindert werden konnte und vorhandene Privilegien erhalten blieben.

Aber war das wirklich die für Putin geeignete Rolle in diesem Machtkampf? Im Buch „Von erster Person: Gespräche mit Wladimir Putin" beantwortet Putin die Frage nach politischen Führungspersönlichkeiten, die für ihn von besonderem Interesse seien, mit Napoleon Bonaparte. Die Journalistin glaubte an einen

Scherz: „Im Ernst?" Putin ergänzt daraufhin seine Antwort mit de Gaulle und Erhard. Bei Ludwig Erhard sei für ihn das Konzept der Suche nach neuen gesellschaftlichen Werten von besonderem Interesse, weil der Wiederaufbau seines Landes genau mit den neuen moralischen Wertvorstellungen begonnen hatte. Hier bewies sich Putins großes Interesse an solch bedeutenden Persönlichkeiten und deren Erfahrungen, als sie – wie auch er – begannen politisch wirksam zu werden, um die herrschenden Umstände zu verändern, wurden zu seiner persönlichen Lebensmaxime.

Kapitel 4

Voraussetzungen der Wende

Vor dem Zerfall der UdSSR im Oktober 1991 und im Vorfeld der Wirtschaftsreformen bewerteten nach Umfragen eines der führenden privaten russischen Meinungsforschungsinstitute „Lewada", 62 Prozent der Befragten den westlichen Lebensstil positiv und lediglich 10 Prozent negativ.

Andrej Kolesnikow vom US-Carnegie – Zentrum meint dazu, dass „sich in diesen Ergebnissen die Hoffnung nach liberalen Reformen und der Beseitigung des sowjetischen Erbes ausdrücken. Im Jahre 2008 empfanden dagegen 30 Prozent der Befragten den westlichen Lebensstil negativ und lediglich 46 Prozent positiv. Ein interessantes Ergebnis, aufgrund bereits eigener Erfahrungen mit westlichen Erzeugnissen und dem entsprechenden Lebensstil in wesentlichen Teilen des Landes".[19]

Auch Putin bildete aufgrund eigener Erfahrungen in Ost und West in diesem Sinne keine Ausnahme. So schrieb die kroatische „Advance", dass Russland in den 90er und Anfang der 2000er Jahre nie auf die Idee des Beitritts zur EU verzichtete. Mehr noch: In den ersten Jahren seiner Präsidentschaft schloss Putin auch eine Mitgliedschaft Russlands selbst in der NATO nicht aus.[20] In einer Rede vor dem Deutschen Bundestag 2001 sprach er sogar davon, dass „Europa seinen Ruf als mächtiger und selbstständiger Mittelpunkt der Weltpolitik langfristig nur festigen wird, wenn

---

19 https://carnegie.ru/2015/07/07/ru-pub-60606
20 https://www.advance.hr/tekst/analiza-pristupanje-rusije-europskoj-uniji-i-stvaranje-jedine-stvarne-supersile-koja-moze-biti-rival-sad-u/

es seine eigenen Möglichkeiten mit den menschlichen, territorialen und Naturressourcen sowie mit den Wirtschafts-, Kultur- und Verteidigungspotenzialen Russlands vereinigen wird."[21]

Eigentlich hat die Enttäuschung über die USA Russland gezwungen, sich noch mehr auf Europa zu konzentrieren. So schrieb „Advance", dass aus strategischer Sicht Europa und Russland vereint eine Supermacht darstellen, die vielleicht als einzige Kraft in der Welt imstande wäre, mit den USA zu konkurrieren. Auch aufgrund dieser Begründungen und Befürchtungen streben die USA bis heute äußerst hartnäckig danach, Zwietracht zwischen Europa und Russland zu säen, weil sie darin eine ernstzunehmende Gefahr für ihre bisherige Dominanz in der Welt befürchten. Im Oktober 2012 erklärte Putin dann auf einem Treffen mit den Mitgliedern des internationalen Diskussionsclub „Waldaj", die Aufnahme Russlands in die Europäische Union für nicht realistisch. Das betraf auch die Überlegungen über eine Beteiligung an der NATO.[22]

Doch in dieser Zeit passierte einiges in der Welt, was die weitere Entwicklung in Europa stark beeinflusste. Dr. Timofej Bordatschew, leitender Wissenschaftler am Institut für Europastudien der Russischen Akademie der Wissenschaften in Moskau, schrieb in der Zeitschrift „Ost-West. Europäische Perspektiven", dass die komplizierte Geschichte der bewussten Beziehungen des neuen Russlands und Europas bereits in den 90er Jahren begannen, als beide Seiten dramatische Veränderungen ihrer politischen Konfiguration durchlebten.

---

21 https://www.bundestag.de/parlament/geschichte/gastredner/putin/putin_wort/244966.
22 https://www.vesti.ru/doc.html?id=942164&cid=7

Moskau bewegte sich nach Ende des kommunistischen Experimentes in Richtung Integration in die Weltwirtschaft, wie z. B. die Bemühungen der Regierung Gajdar zeigten. Auch Europa wollte zu dieser Zeit seinen Einfluss vergrößern und nahm Kurs auf eine Verbesserung der Integration und auf die konsequente Erweiterung der „Europäischen Union" als wichtigste politische Institution. Beide Seiten begannen unter dem Einfluss von zahlreichen Veränderungen und Reformversuchen, ihre gegenseitigen Beziehungen rasch von Null ausgehend aufzubauen.

Russland sah zu dieser Zeit die Europäische Union traditionell als eine Art Alternative zur USA und damit zur NATO. Sehr viele Skeptiker maßen dagegen der politischen Zusammenarbeit mit den USA eine viel bedeutendere Rolle bei. Doch die wichtigsten Entscheider-Funktionen in der Regierung und speziell im Apparat des Außenministeriums blieben dieser Gruppe vorenthalten. Dagegen begann Moskau nach anfänglicher Gleichgültigkeit gegenüber den Ideen einer Integration ab 1989 mit zahlreichen Versuchen, den Kontakt zur europäischen Demokratie und für gegenseitig nützliche Wirtschaftsbeziehungen aufzubauen. Die angestrebte Zusammenarbeit zwischen Russland und Europa wurde schließlich 1994 mit der auf der griechischen Insel Korfu unterzeichneten Vereinbarung "Partnership and Cooperation-Agreement" begründet, die jedoch erst im Dezember 1997 in Kraft trat. Im Sommer 1999 verabschiedete das EU-Gipfeltreffen eine „Gemeinsame Strategie der Europäischen Union für Russland". Als Antwort stellte das russischen Außenministerium eine eigene „Strategie der Entwicklung der Beziehungen der Russischen Föderation mit der Europäischen Union für eine mittelfristige Perspektive (2000-2010)" vor.

Sergej Lawrow – seit 2004 russischer Außenminister
(Foto: Archiv Nesawissimaja Gaseta)

Beide Papiere dokumentierten Interesse der beteiligten Seiten an stabilen und ausgeglichenen Beziehungen und sollten als zuverlässige juristische Basis für die weitere Entwicklung der Zusammenarbeit zum gegenseitigen Vorteil dienen.

Sowohl in Moskau als auch in den europäischen Hauptstädten wuchs der Wunsch, die bisher durchaus erfolgreichen außenwirtschaftlichen Verbindungen – Europa nahm hinter den USA und Japan den dritten Platz ein – zu erweitern.

Doch diesen positiven Interessen ungeachtet, kam es im Jahr 2000 zu einer tiefen Krise in den russisch-europäischen Beziehungen. Die Entscheidungen des EU-Gipfels in Helsinki bedeuteten für viele Russen einen großen Schock, in denen Russland wegen „nichtselektiver" Gewaltanwendung in Tschetschenien verurteilt und die Türkei, trotz jahrelangem Terrors gegen ihre kurdische Minderheit, zu Verhandlungen über einen EU-Beitritt eingeladen wurde. Zusammen mit den vorangegangenen scharfen Äußerungen an die Adresse Moskaus sah diese Reaktion auf den ersten Blick wie eine vorschnelle Antwort auf die Haltung Russlands während der kriegerischen Auseinandersetzungen der NATO gegen Jugoslawien aus. Die russischeuropäischen Beziehungen hatten jedoch bereits ihren Tiefpunkt erreicht, so dass die Krise einfach folgen musste, und auch ohne Tschetschenien wäre ein Anlass für sie gefunden worden.[23]

Eine ganze Reihe maßgeblicher europäischer Politiker sahen die russischen Bestrebungen als sehr nützlich und notwendig an. Die Hamburger Wochenzeitung „Die Zeit" schrieb 2010 z. B., dass „der frühere Bundeskanzler Gerhard Schröder die Vision Putins von einer engeren Zusammenarbeit zwischen Russland und der EU unterstützt, und eine Assoziierung seines Landes mit Freihandelszone, gemeinsamen Infrastruktur-Projekten, Visafreiheit und einer sicherheitspolitischen Kooperation notwendig würde. Europapolitisch sei das schon immer seine Grundauffassung gewesen, Russland noch enger an europäische Strukturen binden zu wollen."[24]

Die Zeitschrift „Der Spiegel" wertete damals den Deutschland-Besuch des russischen Ministerpräsidenten Putins als Beginn einer „Charme-Offensive". Auf Putins wiederholte Bekräftigung seines Vorschlags einer Freihandelszone zwischen Russland und der EU, reagierte die deutsche Kanzlerin Merkel dagegen sehr reserviert, während sein Vorschlag vom damaligen Deutsche-Bank-Chef Ackermann als Vorstoß dankbar begrüßt wurde.[25]

---

23 https://www.owep.de/artikel/184/russland-und-grosse-europa
24 https://www.zeit.de/politik/ausland/2010-11/putin-freihandelszone-eu
25 http://www.spiegel.de/wirtschaft/soziales/deutschland-besuch-ackermann
   -begeistert-sich-fuer-putins-freihandelsplaene-a-731407.html

In den nachfolgenden Jahren fanden die weiteren Versuche Russlands, die Beziehungen zur Europäischen Union zu verbessern, allerdings weniger Gehör. Susanne Stewart, Analytikerin der Berliner Stiftung „Wissenschaft und Politik" schrieb in einem Artikel „Dialog zwischen EU und Eurasischer Wirtschaftsunion – zurzeit nicht sinnvoll", dass sich die Zollunion zwischen Russland, Belarus (Weißrussland) und Kasachstan seit 2009 rasant entwickelt habe. Anfang dieses Jahres sei sie in der Eurasischen Wirtschaftsunion (EWU) aufgegangen, der inzwischen auch Armenien und Kirgisistan beigetreten sind. Diese Entwicklung hätte bereits vor der Ukraine-Krise die Beziehungen der EU zu Russland in einigen Aspekten erschwert, so dass sich die Verhandlungen über Wirtschaftsthemen zwischen beiden nur mühsam gestalteten.

Seit 2003 werden die wechselseitigen Beziehungen durch die Formulierung von „vier gemeinsamen Räumen" untermauert, die alle Aspekte des Verhältnisses offenlegen. So gab es bis 2005 durchaus einige produktive Dialoge zur Kooperation in der Wirtschaft auf Teilgebieten, vor allem im Energiebereich. Bei Grundsatzfragen wurde jedoch kaum eine gemeinsame Sprache gefunden. Das erwies sich besonders bei einem neuen Abkommen, das die Partnerschafts- und Kooperationsvereinbarungen von 1997 ersetzen sollte. Doch Anfang März 2014 wurden sie als eine der ersten EU-Sanktionen nach der Verletzung der territorialen Integrität der Ukraine durch Russland ausgesetzt. Aber auch schon davor war es zu keinerlei wesentlichen Fortschritten gekommen.

Für die weitere Entwicklung der Beziehungen erweist es sich als hinderlich, dass die EU in der Wirtschaftsunion hauptsächlich ein politisches Projekt gegen den Versuch Russlands sieht, Hegemonie in der Nachbarschaft zu schaffen und den Zusammenschluss der Mitglieder mit anderen Akteuren zu verhindern.

Genaugenommen steht in Wirklichkeit die Realisierung einer „Östlichen Partnerschaft (Eastern Partnership)" als ein Teilprojekt der „Europäischen Nachbarschaftspolitik (ENP)" dahinter, deren Hauptziel darin besteht, die notwendigen Voraussetzungen für die Beschleunigung der politischen Assoziierung und der weiteren wirtschaftlichen Integration zwischen der Europäischen Union und interessierten Partnerländern zu schaffen. Mit den sechs postsowjetischen Staaten Armenien, Aserbaidschan, Georgien, Moldau, Ukraine und Weißrussland wurden dazu bereits entsprechende Abkommen geschlossen.

So wurde eine Anregung des polnischen Außenministers Radosław Sikorski mit schwedischer Unterstützung vom 26. Mai 2008 beim „Rat für Allgemeine Angelegenheiten und Außenbeziehungen" in Brüssel aufgenommen und im Dezember 2008 umgesetzt. Eigentlicher Ausgangspunkt für die dann am 7. Mai 2009 in Prag gebildete Vereinigung, war dieser schwedisch-polnische Wunsch nach einem Pendant zur bekannten Mittelmeerpolitik. Knapp zwei Jahrzehnte nach dem Fall der Mauer diente dann aber der Kaukasuskrieg 2008 (Georgienkrieg) als eine Art „Weckruf" für die Europäische Union, die ehemalige Sowjetrepubliken künftig als souveräne Staaten und nicht mehr als „Russlands Hinterhof" zu betrachten. Die Annahme dieser Konzeption entsprach natürlich nicht den russischen Staatsinteressen, die damit ihren Führungsanspruch in Gefahr sahen. Das war auch Grund dafür, ein eigenes Konzept der östlichen Partnerschaft und Integration der postsowjetischen Republiken unter ihrer Ägide beschleunigt zu verwirklichen.

Die heute noch immer die hauptsächliche Tagesordnung in den Beziehungen zwischen Russland und dem Westen bestimmende ukrainische Krise ist in allererster Linie mit dem Problem der

NATO-Erweiterung verbunden, die eng mit der Vorgeschichte verbunden ist.

Abgesehen von den Versuchen seitens Gorbatschows und Jelzins, eine Aufnahme der Sowjetunion und später Russlands in die NATO im Zusammenhang mit ihrer Osterweiterung zu testen, ist vor allem Putins Position in dieser Frage besonders aufschlussreich.

Die FAZ veröffentlichte dazu, das nach Meinung des deutschen Politikwissenschaftlers Ernst-Otto Czempiel zumindest aus europäischer Sicht gegen einen Beitritt Russlands zur NATO eigentlich nichts sprechen würde. Eine Aufnahme in das Bündnis, wie ihn der russische Präsident Wladimir Putin in die Diskussion gebracht hat, läge „in der Logik der Osterweiterung" und seit dem 11. September in der Logik der NATO-Politik überhaupt. Wer einen Beitritt dennoch grundsätzlich ablehne, vertrete indirekt, „dass die NATO sich doch noch gegen Russland richte".[26]

Der ehemalige stellvertretende Außenminister Russlands, Sergej Ordschonikidse, meinte zu dieser Problematik, dass Putins Vorschlag über den NATO-Beitritt Russlands – einst an den früheren US-Präsidenten Bill Clinton gerichtet – auch eine Prüfung der Allianz auf ihre aggressive Reaktion gewesen sein kann. Einen solchen Vorschlag gäbe es in der Geschichte nicht das erste Mal. Bereits im NATO-Gründungsjahr 1949 wollte die Sowjetunion der Allianz beitreten, was entschieden mit „Nein, niemals" beantwortet wurde. Moskau begriff demzufolge zu Sowjetzeiten sehr wohl, dass der Westen nie einverstanden sein würde, weil mit dem Allianz-Beitritt der UdSSR der „Auftrag" der Organisation

---

26 http://www.faz.net/aktuell/politik/russland-debatte-nato-beitritt-in-der-logik-130230.html

verloren ginge. Damals habe das Land die NATO, diplomatisch gesehen, in eine sehr pikante Situation versetzt. Der Diplomat schloss jedoch nicht aus, dass dieser Vorschlag durchaus wiederholt werden könnte.

Nach einem Interview in der Zeitung „Politico" des amerikanischen Regisseurs Oliver Stone mit dem russischen Präsidenten, wird gleichfalls bestätigt, das Putin bei einem Treffen mit Bill Clinton zu dessen Amtszeit vorgeschlagen hatte, einen möglichen NATO-Beitritt Russlands zu erörtern. Sein Gesprächspartner (Clinton) wäre nicht dagegen gewesen. „Die ganze Delegation habe allerdings nervös reagiert". (Interview / US-Fernsehsender Showtime – 12./15. Juni 2017)[27]

Gorbatschow und Jelzin wiederholten diesen Wunsch seinerzeit mehrmals, ohne Erfolg. Fareed Zakaria, einer der führenden US-Analytiker vertrat zu dieser Thematik in der „The Washington Post", unter dem Titel „Russia might have been lost from the start", die Meinung, dass die Auffassung, „Washington habe Russland verloren", aus den 90er Jahren stamme. In einem 1998 in der New York Times veröffentlichten Artikel sagte er, dass Moskau, wie die Beispiele Deutschland und Japan 1945 für das Erreichen eines stabilen Weltfriedens, in die westliche Welt integriert sein sollte. Doch dazu kam es leider nicht, weil es einerseits Washington an Großzügigkeit für eine mögliche Hilfestellung dazu fehlte und andererseits die US-Politiker die Probleme der Sicherheit Russlands nicht verstehen wollten. Zakaria spielte damit auf die militärischen Kampagnen der USA und ihrer Verbündeten entgegen der russischen Einwände im Balkan an. In Wirklichkeit wurden die UdSSR und Russland in Washingtons

---

27 https://de.sputniknews.com/politik/20170604316019331-nato-beitritt
    -russland--vorschlag-checken/

Einschätzungen auf das Niveau einer „dritten Staatsklasse" degradiert. Die Chance für eine positive Veränderung der Beziehungen wurde durch die US-Präsidenten Georg Bush Senior und Bill Clinton leider vertan.

Vom US-Standpunkt aus benötigten Anfang der 90er Jahre gerade die osteuropäischen Staaten dringend ein Sicherheitssystem, weil die militärischen Auseinandersetzungen in Jugoslawien und der Krieg Russlands in Tschetschenien mit Tausenden von Opfern und Zerstörungen ganz Europa hätte destabilisieren können.[28]

So gesehen, war die ukrainische Krise eine logische Folge der westlichen Politik, denn vom russischen Standpunkt aus gefährdete der Sturz des legitimen ukrainischen Präsidenten und die vom Westen unterstützte Machtübernahme nach dem Putsch durch antirussische nationalistische Kräfte ihre eigene Souveränität. Es drohte die Verbannung der russischen Marine aus diesem Teil des Schwarzen Meeres und die Verwandlung Sewastopols in eine US-Marinebasis – ein nicht hinnehmbares Debakel für die russische Führung. Unter dem Titel „US-Marinebasis: Darum geht es im Krim-Konflikt wirklich", berichtete das Contra – Magazin am 15. August 2017 dass der Betrieb einer US-Marinebasis in der Ukraine nicht einfach ein Resultat der jüngsten Entwicklungen in Osteuropa ist, sondern tatsächlich schon von langer Hand geplant wurde. „Diese Projekte warten schon seit vielen Jahren... Aber gut, anstelle der Krim wird es nun der Hafen von Ochakiv (russisch Otschakow), rund 150 Kilometer westlich." „Der Beginn der Bauarbeiten in der Ukraine ist eine wichtige Errungenschaft für die NMCB 1", meinte dazu der kommandie-

---

28 https://www.washingtonpost.com/opinions/russia-might-have-been-lost-from-the-start/2018/07/19/e45c1a42-8b92-11e8-8aea-86e88ae760d8_story.html?noredirect=on&utm_term=.a759f1d6ab2e

rende Offizier der US-Streitkräfte in der Ukraine, Jason McGee, „unsere Fähigkeit, die European „Reassurance Initiatives" (Barack Obama, 3. Juni 2014 nach Beginn der Krimkrise) in der Ukraine zu maximieren ist von strategischer Wichtigkeit und wird schlussendlich die Verteidigungsfähigkeit des Gastlandes, seine Infrastruktur, die Stärkung der Beziehungen und die bilaterale Ausbildung verbessern."[29]

Gleichzeitig bedeutete das aber auch die zwangsweise Einschränkung der strategischen Rolle Russlands im gesamten Schwarz-Meer-Raum, seit der Zeit von Katharina der Großen, die am 8. April 1783 die Einnahme der Krim verkündete. Für Putin war deshalb die Annexion der Krim oder die „Wiedervereinigung mit Russland" – wie offiziell postuliert – unvermeidbar. Der Streit über die rechtlichen Umstände führte zu weiteren tiefgreifenden Krisenstand in den Beziehungen zwischen Ost und West. Russland steht mit seinen Versuchen, sich im Westen zu integrieren, gewissermaßen erneut vor einem Scherbenhaufen.

---

29 https://www.contra-magazin.com/2017/08/us-marinebasis-darum-geht-es-im-krim-konflikt-wirklich/

Kapitel 5

Auffüllung eines Vakuums?

Die Auflösung der Sowjetunion hat den einzigen ernstzunehmenden Herausforderer des Westens beseitigt: Infolgedessen ist und bleibt die Welt geprägt von den Zielen, Prioritäten und Interessen der wichtigsten westlichen Nationen", schreibt der US-Schriftsteller Samuel P. Huntington in seinem Buch „Kampf der Kulturen" (Wilhelm Goldmann Verlag München, Mai 2002, S.117). „Die USA gemeinsam mit Großbritannien und Frankreich sind die einzig verbliebenen Supermächte, die wesentliche Entscheidungen in Politik und Sicherheit, gemeinsam mit Deutschland und Japan, in Wirtschaftsfragen treffen."

Noch in den fünfziger und sechziger Jahren sprach die kommunistische Ideologie Menschen in aller Welt an, weil sie mit wirtschaftlichem Erfolg und militärischer Stärke der Sowjetunion verbunden wurde. Als die sowjetische Wirtschaft stagnierte und nicht imstande war, seine militärische Stärke zu erhalten, ließ diese Anziehungskraft nach und führte ohne Zweifel zum Niedergang der kommunistischen Ideologie sowjetischer Prägung. Was dann kam, ist in erster Linie für die sowjetischen Bürger mit einem Vakuum im menschlichen Bewusstsein zu vergleichen, das sofort durch andere Ideologien aufgefüllt wurde, wo vor allem die Religion eine führende Rolle übernahm.

Samuel Huntington schreibt in dem Kapitel „La revanche de Dieu", dass in der ersten Hälfte des 20. Jahrhunderts vor allem bei den geistigen Eliten die Verkümmerung der Religion durch wirtschaftliche und soziale Modernisierung zunahm. In der zweiten Hälfte des 20. Jahrhunderts umfasste die ganze Welt eine wirtschaftliche und soziale Modernisierung und es fand gleichzeitig eine Renaissance der Religion statt. Das heißt, wenn wir Huntington folgen, war das nicht nur ein Phänomen der alten Sowjetunion, die das Rennen um die Weltherrschaft gegen den Westen verloren hatte. Aber gerade dort hatte es sich am stärksten manifestiert.

Im Dezember 2007 veröffentlichte das russische unabhängige „Institut der sozialen und nationalen Probleme" interessante Daten, nach denen sich circa 47 Prozent der befragten russischen Staatsbürger – vier Mal mehr als in den 70er Jahren des vorigen Jahrhunderts – zu den Gläubigen zählen. Nach Angaben des Petersburger Instituts der Gesamtforschungen beträgt das Verhältnis zwischen den Gläubigen und Atheisten heute sogar 80 zu 18 Prozent.[30]

Es steht soweit fest, dass sich Putin vom Kommunisten zu einem Europa- orientierten Liberalen und später zu einem Autokraten und Vertreter eines russischen Sonderweges in der Weltgeschichte entwickelte. Dabei spielte der russische Schriftsteller Alexander Solschenizyn in seinem Denken eine sehr wichtige Rolle. Dank Putins Unterstützung wurde 2010 sein einst in der Sowjetunion verbotener Roman „Archipel Gulag" (über sowjetische Lager für politische Häftlinge) sogar in das Bildungsprogramm der Schulen aufgenommen.

Sein Interesse an diesem Schriftsteller lässt sich weit zurückverfolgen. Schon als Geheimdienstoffizier besaß Putin gegenüber einfachen sowjetischen Bürgern das Privileg, in der Sowjetunion verbotene Schriftsteller und Philosophen zu lesen, denn innerhalb des KGB – und nicht nur dort – gab es spezielle Bibliotheken, in denen auch verbotene Bücher zugänglich waren. Besonders

---

30 statistika.ru>2007/12/05> naselen_9686

interessant ist in diesem Zusammenhang, dass das Zentralkomitee der KPdSU in den 60er Jahren sogar einige Werke Solschenizyns in eingeschränkter Auflage für die leitenden Genossen der Nomenklatur zugelassen hatte. So ist es eigentlich auch nicht verwunderlich, dass Solschenizyn nach dem Erhalt des Nobel-Preises für Literatur im Jahre 1970 zur Symbolfigur für sowjetische Intellektuelle wurde, zu denen Putin gleichfalls gehört.

Begräbnis von Solschenizyn im Nekropole in Donskoj-Kloster in Moskau
(Foto: Archiv Nesawissimaja Gaseta)

Gleichfalls bemerkenswert ist in diesem Zusammenhang, dass der Schriftsteller im Juni 2007 von Putin die höchste russische Staatsauszeichnung bekam. Früher hätte er sich, der Schriftsteller entschieden geweigert, eine solche Ehrung aus den Händen Gorbatschows oder Jelzins entgegenzunehmen. Im Jahr 2007 – kurz vor seinem Tod – erklärte er dann aber, dass Putin, für Russland ein langsames und allmähliches Wiedererstehen ermöglicht habe.

Wörtlich hat er in einem Spiegel-Interview 2007 auf Englisch gesagt: „Putin inherited a ransacked and bewildered country, with a poor and demoralized people. And he started to do what was possible – a slow and gradual restoration. These efforts were not noticed, nor appreciated, immediately. In any case, one is hard pressed to find examples in history when steps by one country to restore its strength were met favorably by other governments".[31]

Doch wie konnte der religiöse Schriftsteller mit seinen Ideen tatsächlich Putin beeinflussen? Als erster orthodoxer Denker wurde Solschenizyn mit dem „Templeton Prize for Progress Toward Research or Discoveries about Spiritual Realities" ausgezeichnet. Mit dieser mit einer Mio. USD verbundenen Ehrung werden vor allem Menschen geehrt, die „besondere Verdienste in der Stärkung des Geistes angesichts der moralischen Krise in der Welt besitzen und im weitesten Sinne als ein Beispiel dafür dienen können, verschiedene Wege zu suchen, die die menschliche Wahrnehmung des Göttlichen erweitern und helfen, die theologische Schöpfung zu beschleunigen". Darüber erzählt Marshall Goldman vom „Zentrum für Russland-Studien der Harvard – University" in einem RIA-Novosti-Gespräch. Nach seiner Meinung entdeckte Alexander Solschenizyn bei sich Kraft und Zuversicht, um dem System Widerstand zu leisten. „Ich kann nicht viele Menschen nennen, die den Verlauf der Geschichte so stark beeinflusst haben", so Goldman. „Üblicherweise sagen wir das über Politiker oder Heerführer, in dem Fall aber gelten diese Worte einem Schriftsteller. Die Kraft seiner Worte war beeindruckend, seine Werke könnte man als politische Literatur bezeichnen, sie waren aber auch bezaubernd schön. Er war auch ein paradoxer

---

31 https://www.spiegel.de/international/world/spiegel-interview-with-alexander-solzhenitsyn-i-am-not-afraid-of-death-a-496211.html

Mensch, wovon seine berühmte Rede in der Harvard-Universität von 1978 zeugt" (8. Juni 1978 vor Absolventen). Damals kritisierte Solschenizyn den Westen, dem er Faulheit, Materialismus und Gottlosigkeit vorwarf – eine Kritik an der westlichen Demokratie, die seinerzeit eine starke Resonanz auslöste. Solschenizyn lehnte deshalb eine Entwicklung Russlands nach dem amerikanischen Modell ab und erkannte, dass seine Heimat einen eigenen historischen Entwicklungsweg gehen muss.[32]

Besonders interessant ist ein Kommentar zu dieser Thematik des Internet-Portals „Die freie Welt". Danach befand sich Solschenizyn auf der Suche nach Wahrheit und schämte sich nicht, diesen Begriff in den Mund zu nehmen. Diese Suche würde sich aber verflüchtigen, wenn man sich ihr nicht mit voller Kraft widme. Doch auch er unterzog der dem Ende zuneigenden Etappe westlicher Kolonialisierung – wie manche andere Sozialkritiker – einer kritischen Prüfung, und meinte, „dass die Rechnung der formell in die Unabhängigkeit entlassenen Staaten dem Westen noch nicht präsentiert worden sei". So kritisiert der Schriftsteller den angelegten Maßstab für die Angleichung an die technischen Errungenschaften und ihren Lebensstil. Was sei daran wirklich erstrebenswert? „Der Westen selbst habe jegliche Zivilcourage verloren und stehe paralysiert vor internationalen Aggressoren, wie beispielsweise des Terrorismus. Gesteuert würde der Apparat von depressiven, passiven Bürokraten, denen jegliche Tatkraft abgehe".

Hinter dieser Lähmung erkannte Solschenizyn die westlichen Vorstellungen, die jedem Bürger ein Maximum an persönlicher Freiheit und Besitz garantieren sollten. „Die Wohlstandsgesellschaft zeige ihre hässliche Fratze, eine Auswirkung davon sei das skrupellose Ausnutzen des vom Gesetz zugestandenen Freiraums.

---

32 https://de.sputniknews.com/kultur/20080805115727368/

Das Leben in einer Gesellschaft ohne garantiertes Recht sei schrecklich", kommentiert er aus eigener Erfahrung. Eine Gesellschaft ohne einen anderen Maßstab als den gesetzlichen, sei des Menschen ebenfalls unwürdig.

Solschenizyns Erkenntnis: „Das komplexe, harte Leben habe stärkere, tiefere und interessantere Charaktere hervorgebracht als das standardisierte westliche Wohlstands-Dasein. Menschen, die über Jahrzehnte Verfolgung und Gewalt ausgesetzt waren, verlangten nach mehr als nach westlichen Massenmedien mit ihren stupiden Gewohnheiten von Publizität, TV und Musik. Keine noch so starken Waffen würden den Mangel an Willenskraft kompensieren. Um sich selbst zu verteidigen, bedarf es des Todesmutes. Woher sollten ihn aber die verwöhnten, verweichlichten Bürger der westlichen Welt hernehmen?"

„Das heißt aber auch, dass sich die moderne Zivilisation in einer Krise befindet und Russland einen anderen Weg gehen muss".[33]

Um Putins weiteren Weg von einem westlich orientierten Liberalen zum russischen Nationalisten zu verstehen, ist die Analyse seiner Reden mit Schlussfolgerungen, bezüglich seiner philosophischen Einstellung durch Eltschaninoff interessant. Der Franzose findet es bemerkenswert, dass darin sehr oft Namen und die Zitate des russischen Philosophen Iwan Iljin erscheinen. Dieser erbitterte Gegner des bolschewistischen Regimes unterstützte die „Weiße Bewegung" im russischen Bürgerkrieg Anfang des 20. Jahrhunderts. Daraus schlussfolgert der französische Philosoph, dass Putins Ideen auf Iljins Erkenntnissen basieren, die angeblich vom russischen Filmregisseur Nikita Michalkow vermittelt wurden.

---

33 https://www.freiewelt.net/blog/beruehmte-rede-das-standardisierte-west-liche-wohlstands-dasein-ist-kein-erstrebenswertes-ideal-10012975/.

Diese Überlegungen gerieten in den Mittelpunkt des Interesses, als im Jahre 2005 Iljins sterbliche Überreste aus der Schweiz nach Moskau überführt wurden und zusammen mit der Asche von einem der Anführer der Weißen Bewegung, General Anton Denikin, auf dem Friedhof des Moskauer Donskoi – Klosters begraben wurden. Solche Aktivitäten, wie auch die Aufstellung einer Gedenktafel für Admiral Koltschak und den späteren finnischen zaristischen General Mannerheim, sind charakteristisch für das postsowjetische Russland. Auf diese Weise wurde versucht, die schon seit der Zeit der Bürgerkriege 1917-1921 immer größer werdende Kluft im Bewusstsein der Bevölkerung in ihrem Geschichtsbewusstsein zu überwinden.

Offensichtlich war Illjin in der Lage, seiner Zeit voraus zu sehen. In seinem Buch „Was verspricht der Welt die Zerstücklung Russlands", schrieb er, dass jeder richtige russische Patriot in einem Gespräch mit Ausländern das Wesen Russlands erklären solle. Das würde im Klartext heißen, dass Russland kein „zufälliger Haufen von Territorien und Stämmen" ist, sondern ein lebendiger historisch gewachsener und sich kulturell gerechtfertigter Organismus, der nicht freiwillig der Zerstückelung unterliegen will. Dieser Organismus stellt nach Iljin eine geografische Einheit dar, dessen Teile durch beiderseitige Wirtschaftsabhängigkeit verbunden ist und eine geistliche, sprachliche und kulturelle Einheit darstellt, die historisch gesehen das russische Volk mit seinen nationalen kleineren Brüdern vereinigt und der ganzen Welt Willen und Fähigkeiten zur Selbstverteidigung bewiesen hat. Dadurch ist es eine Hauptstütze für das Gleichgewicht der europäisch-asiatischen und deshalb ökumenischen Welt. Iljin verstand darunter das Territorium in den Grenzen des zaristischen Russlands, und sprach nach dem Ende des Bolschewismus von zwei Möglichkeiten einer weiteren Entwicklung. Entweder wird das Land zu einer russischen nationalen Diktatur mit einer festen Führung, oder es beginnt ein unvorstellbares Chaos.[34]

Am 11. Mai 2016 schrieb das tschechische Internet-Magazin „Česká Pozice", das ein wichtiger Teil Iljins politischer Denkweise ein neuer Führer sei, der Russland aus den Ruinen empor hebt, sein Land nach vorn führt und sich nicht um die eigene Karriere kümmert. Er kämpft und wird nicht zum Bauern im Schachspiel degradiert, sondern schlägt den Feind. Drischt dabei keine leeren Phrasen, leitet verantwortlich den Staat und verkauft sich nicht dem Ausland: Eine klare Prophezeiung mit der Betonung der Tendenz zum russischen Nationalismus, die Manche jedoch gern mit einem russischen Imperialismus verwechseln wollen.[35]

Gerade die Untersuchung der Reden von Putin ist eine spannende Beschäftigung, die vieles erklärt, um seine Denkwende zu verstehen. So bezieht sich Eltschaninoff auf die beiden russischen Autoren Fjodor Dostojewski (1821-1881) und den Philosophen Nikolai Berdjajew (1874-1881), die von Putin und den Repräsentanten der konservativen Wende regelmäßig ins Feld geführt und zitiert werden, und deren Porträts nebeneinander auf der Webseite für „konservatives politisches Denken-Russkaja – Idea" prangen. In einem Gespräch mit dem Sender CBS hat der ehemalige amerikanische Außenminister Kissinger, Putin selbst sogar als eine „Figur aus Dostojewskis Werken", als einen Mann mit ... einer inneren Verbindung mit der russischen Geschichte, so, wie er sie versteht", charakterisiert. Putin sei rational und berechnend, wenn es um die nationalen Interessen Russlands gehe.

34 http://gosudarstvo.voskres.ru/ilin/nz/nz-101-105.htm
35 http://ceskapozice.lidovky.cz/myslenkove-zdroje-vladimira-putina-a-kam-smeruje-fbs-/recenze.aspx?c=A160510_005642_pozice-recenze_lube

Sie hätten, wie Putin richtig glaube, einzigartige Eigenschaften.[36] Auch in einem Beitrag der italienischen Zeitschrift „ Il Foglio" vom 30. Januar 2017 werden unter dem Titel „Putin di Guerra e pace" Auszüge aus einem von der Harvard Political Review publizieren Essay von Alejandro Jimenez zitiert, dass man sich, um Putin wirklich verstehen zu können, den Werken von Fjodor Dostojewski zuwenden solle. Putin Auffassung über eine eigene Vorbestimmung Russland besteht darin, die slawischen Völker zu befreien und unter russischer Führung zu vereinigen. Er wiederholt die Meinung Dostojewskis und folgt dieser Idee, wenn er über die Wiedervereinigung der Ukraine mit Russland spricht. Auch bei der Annexion der Krim glaubte er, nach dem gleichen Prinzip der russischen Seele zu entsprechen. Auch der italienische Journalist Giulio, erinnert in „Il Foglio" an die Worte von Henry Kissinger, dass man „um Putins Politik zu verstehen, seine Bibliothek kennenlernen muss". Der Ex-Chefredakteur der New York Times, Bill Keller, meint laut Meotti, dass „Putin aus der Kenntnis der Bücher Dostojewski, der durch das Fehlen der Religiosität, der Duldung und dem moralischen Verfall alarmiert war, gewachsen ist ". Auch der Journalist Piter Sadovnik spricht in der US-Zeitschrift „Vanity Fair" von Putins Begeisterung über Dostojewski, für den das alte Russland, freundlich und unverfälscht, der Westen dagegen Böse ist. Dabei ginge es nicht um konkurrierende Zivilisations- oder Wirtschafts- und geopolitische Rivalitäten. Der Westen sei einfach nur verdorben. Nach Sadovniks Meinung sind die vier wichtigsten Werke von Dostojewski „Verbrechen und Strafe", „ Der Idiot", „Die Dämonen", „Die Brüder Karamasows" nicht einfach nur Romane sondern

---

36 https://de.sputniknews.com/politik/20161219313826408-kissinger-putin-dostojewski-vergleich/)

stellen dar, was mit Russland passieren könnte, wenn es nicht an die Wurzeln der Epoche Peter des Großen zurückkehrt. Putin zitiere „byzantinische" Dostojewskifreude, die wie in „Karamasows Bruder" die Ideen der orthodoxen Mystik präsentieren, die einerseits die Führung der Kirche im Staat behaupten und anderseits die Ideen eines revolutionären Atheisten, der dem Staat das Recht auf die moralische Abgrenzung gegenüber der Kirche geben wollte. Das sind die Dämonen Dostojewskis in Putins Russland.[37]

Im Artikel der „Česká Pozice" nennt Elchaninoff für die philosophischen Quellen Putins zwei Säulen, ungeachtet der Unterschiede der Autoren. Das sind die imperialistische Idee und die Begründung des Krieges als Kern des Sowjetismus, des weißen Imperialismus von Iljn und des Konservatismus von Leontjew, einem der philosophischen Denker in konservativ-religiöser Richtung. Putin begründet statt eines Angriffs- die Konzeption eines Verteidigungskrieges, weil er meint, dass die Ideen des starken Russlands vom Westen nicht akzeptiert werden. Auch was die Zukunft Russlands anbelangt, kann man Elchaninoff zustimmen, die Idee von Eurasien ist nach seiner Meinung besonders fruchtbar.[38]

Nach seinem Treffen mit dem US-Präsidenten Trump am 16. Juli 2018 begründete Wladimir Putin für den TV-Kanal „Fox news" in Helsinki seine Politik damit, dass sich seit seiner Wahl als demokratischer Reformer zum russischen Präsidenten im Jahr 2000, die Weltlage geändert habe und Russland auf diese Änderungen reagieren musste.

---

37 https://www.ilfoglio.it/magazine/2017/01/30/news/putin-di-guerra-e-pace-117610/

38 http://ceskapozice.lidovky.cz/myslenkove-zdroje-vladimira-putina-a-kam-smeruje-fbs-/recenze.aspx?c=A160510_005642_pozice-recenze_lubepace-117610/

Kapitel 6

Die Russisch-Orthodoxe Kirche in Putins Plänen

Nach dem Zerfall der Sowjetunion spielte die Orthodoxie in der Politik der Kremlführer von Anfang an eine besondere Rolle. Staatspräsident Jelzin nutzte sie vor allem zum Erreichen seiner innenpolitischen Ziele, während Putin mit ihrer Hilfe besonders die Außenpolitik befördern wollte.

Der russischer Politologe Gleb Pawlowski berichtete in einem Beitrag für das Moskauer US-Carnegie-Zentrum, dass „der berühmte russische Schauspieler Oleg Basilashvili zu den Feierlichkeiten bei seinem Amtsantritt Jelzin sogar als Rechtsnachfolger des mittelalterlichen altrussischen Staates-Kiewer Rus, des zaristischen Russlands und der UdSSR würdigte. Russland verkörpere mit der Berufung auf Prinz Wladimir den Heiligen, unter dem das Land zum Christentum gelangte, das russische, ukrainische und weißrussische Volk als slawische Brüder". Pawlowski bezeichnet diese Mythen-Rückbesinnung im Sommer 1991 als einen Trick im Kampf mit dem damaligen Präsidenten Gorbatschow.[39]

Doch auch aus all diesen Gründen ist die Entdeckung der Orthodoxie als treibende Kraft in der russischen Politik keinesfalls eine Erfindung von Putin. Gerade in dem damals herrschenden ideologischen Vakuum der späten UdSSR lag diese Idee auf der Hand, obwohl seinerzeit sehr unterschiedliche Auffassungen existieren. So schlussfolgerte zum Beispiel der bereits erwähnte französische Philosoph Elchaninoff, dass die Orthodoxie eigentlich

---

39 https://carnegie.ru/commentary/75808

keine vereinheitlichende Rolle im Imperium spielen konnte, weil in den Ländern des ehemaligen Ostblocks die orthodoxen Gläubigen eine Minderheit darstellten.

Doch hier irrt Elchaninoff, den gerade die russische orthodoxe Kirche verkörperte überaus wichtige Funktionen in der modernen russischen Gesellschaft. In der Wirklichkeit füllte sie in erster Linie zuerst das nach der Zerstörung der kommunistischen Werte, infolge der Desintegration der UdSSR 1991, entstandene moralische Vakuum. Das beweisen auch die Ergebnisse einer Umfrage-Studie des Informations- und analytischem Zentrums SOWA Ende 2006 über die Religion. Danach gehören 63 Prozent der russischen Bürger zu den Anhängern der Russisch-Orthodoxen Kirche. Sechs Prozent folgen der muslimischen Religion und weniger als je ein Prozent halten sich an die religiösen Überzeugungen des Buddhismus, Katholizismus, Protestantismus und des Judentums. An einen Gott glauben 12 Prozent der Befragten, obwohl sie keiner Kirchen angehören. 16 Prozent bekennen sich als Atheisten. Die Befragten begründen in erster Linie ihre Haltung zur Religion mit den Glauben der Vorfahren, nationalen Traditionen (36 Prozent) und der Einhaltung moralischer Normen (28 Prozent). Für 16 Prozent ist sie Teil der Weltkultur und der Geschichte, und der gleiche Teil sieht in der Orthodoxie eine persönliche Gemeinschaft mit Gott und ihre Erlösung, während für 14 Prozent der Glauben gar keine Rolle spielt.[40] Es zeigt sich auch, das vor allem in den 90er Jahren mehr Menschen als früher in der Orthodoxie und den anderen Religionen ihre Zuflucht vor den komplizierten Tagesproblemen suchten. Die Statistik zeigt auch, dass die vorherrschende Orthodoxie sogar gegenüber

---

40 https://www.sova-center.ru/religion/discussions/how-many/2006/12/
    d9838/

anderen Religionen, wie den Islam in Russland und sogar in solchen moslemischen Regionen wie Tatarstan ihren Einfluss weitgehend beibehalten hat. Ihre aktive Verbreitung in Tatarstan begann bereits mit der Eroberung des Kasaner Khanat 1552 durch Ivan den Schrecklichen. Die drei Jahre später gegründete Kasaner-Diözese betreibt bereits seit dieser Zeit die Christianisierung der Völker im gesamten Wolgagebiet. Existierten im Jahr der Revolution 1917 noch 794 Kirchen und 27 Kloster in diesem Gebiet, so bestehen in Tatarstan heute nur noch 216 orthodoxe Kirchen.[41]

Eines ist auch heute noch überall zu spüren: Die Kirche – sei sie orthodox oder muslimisch geprägt – wird von der Bevölkerung als Stütze der Moral betrachtet. Dem entsprechen auch die Antworten auf eine Umfrage des unabhängigen Moskauer Forschungsinstitutes „Lewada-Zentrum" nach der Rolle der Kirche im gesellschaftlichen Leben. 46 Prozent der Befragten bejahten Im Januar 2008 die Unterstützung dieser These durch die Kirche, während im Juli 2012 50 und im März 2013 44 Prozent zustimmten.

Der russische Religionsforscher Sergej Filatow meinte, dass die Kirche vor allem auf Grund der Unterentwicklung der Bürgergesellschaft in Russland so eine bedeutende Rolle spielt. Die schwache Position der Gewerkschaften und das Fehlen wahrhaftiger politischer Parteien lassen der Kirche viel Spielraum und Möglichkeiten, um zu handeln und so ihren Einfluss auf die Politik zu erweitern.[42]

In diesem Zusammenhang stellt sich aber auch besonders heute die Frage nach der Bedeutung der russisch orthodoxen Kirche

---

41 https://regnum.ru/news/1808510.html
42 https://yle.fi/uutiset/3-9517708?origin=rss

mit ihrer missionarischen Tätigkeit für die Verteidigung der traditionellen christlichen Werte in der übrigen Welt mit ihren offiziell über 250 Mio. Anhängern. Das ist umso wichtiger, weil sich ihre Verteidigung gerade heute immer mehr zu einer Domäne des Zivilisationskampfes entwickelt. Noch vor 100 Jahren beschrieb Oswald Spengler in seinem Werk „Der Untergang des Abendlandes" die charakteristischen Züge des Ablebens der westlichen Zivilisation und stellte „die frühere Selbstverständlichkeit und Selbstgenügsamkeit des Daseins" in Frage. Nach seiner Auffassung ginge der althergebrachte Einklang des Menschen mit der Religion und der staatlichen Ordnung verloren. Das mit seiner Heimat tief verwurzelt fühlende Volk würde durch den modernen Nomaden ersetzt, der in gesichtslosen Großstädten haust und seinen Wohnsitz nach Belieben wechselt. Der Demokratisierungsprozess erzeuge keine freien Individuen, sondern eine Masse, die der Verführung durch Presse und Propaganda ausgesetzt ist. Geld löst sich vom Güteraustausch, wird zum Wert an sich und zum wichtigsten Merkmal des Erfolgs. Der Diktatur des Geldes entspricht der Diktatur der Technik, die aufhöre, Hilfsmittel des Menschen zu sein; sich den Menschen unterwirft und ihn zu ihrem Sklaven macht. Die Maschine dominiert die Welt. „Der Bauer, der Handwerker, der Kaufmann", schreibt Spengler, „erscheinen plötzlich unwesentlich gegenüber den ‚drei Gestalten', welche sich die Maschine auf dem Weg ihrer Entwicklung herangezüchtet haben: dem Unternehmer, dem Ingenieur, dem Fabrikarbeiter."[43]

Autor Samuel P. Huntington sagt in dem erwähnten Buch „Kampf der Kulturen", „dass viel bedeutsamer als wirtschaftliche

---

43 https://www.journal21.ch/oswald-spengler-der-untergang-des-abend-landes-1922

und demografische Fragen, die Probleme des moralischen Verfalls, des kulturellen Selbstmordes und der politischen Uneinigkeit des Westens sind". Dazu zählen die Zunahme asozialen Verhaltens wie Kriminalität, Drogenkonsum und genereller Gewalt; der Verfall der Familie und die damit zusammenhängende Zunahme von Ehescheidungen, unehelichen Geburten, Müttern im Teenageralter und Alleinerziehende; das generelle Nachlassen der „Arbeitsethik" und der zunehmende Kult der vorrangigen Erfüllung persönlicher Wünsche und abnehmendes Interesse für Bildung und geistige Betätigung, das in den USA z. B. am Absinken der akademischen Leistungen ablesbar ist. Schließlich wird die gesamte westliche Kultur von ganzen Gruppen innerhalb der Gesellschaft in Frage gestellt, und es kommen neue Herausforderungen von Einwanderern aus anderen Kulturkreisen, die ihre Integration ablehnen und Werte, Gebräuche und Kultur ihrer Herkunftsgesellschaften praktizieren und propagieren wollen, hinzu. „In Europa", so schreibt Huntington, „könnte die westliche Kultur auch durch die Schwächung ihres zentralen Elements, des Christentums, unterminiert werden. Immer weniger Europäer bekennen sich zu einer religiösen Überzeugung, beachten religiöse Gebote und beteiligen sich an religiösen Aktivitäten. Die Erosion des Christentums dürfte also sehr langfristig eine Gefahr für das Wohlbefinden der westlichen Kultur darstellen."

Zu dieser umfassenden Problematik sprach der russische Präsident Wladimir Putin am 1. Dezember 2017 vor dem Bischofsrat, dem Verwaltungsorgan der russischen orthodoxen Kirche und verwies darauf, „dass wir schon heute sehen, wie die traditionellen Werte in vielen Ländern verschwimmen, was zur Degradierung des Institutes Familie, zur Entfremdung in der Gesellschaft und zur Depersonalisierung der Menschen führt. Die Gleichgültigkeit und die Indifferenz, der Verlust der Werte führen zu wachsendem

Radikalismus, zur Fremdenfeindlichkeit und zu Konflikten mit den religiösen Grundlagen. Der menschenzerstörende Egoismus verwandelt sich in aggressiven Nationalismus. Geistliche Leere wird durch Extremisten und Ideologen des Terrorismus, durch die Feinde des Fortschritts und der Zivilisation gefüllt".[44]

Putin trifft den Patriarchen

Foto : www.patriarchie.ru

Diese Äußerungen sind deshalb so bedeutsam, weil sie von Bischöfen aus ganz Russland, der Ukraine, Weißrusslands, Moldawiens, Aserbaidschans, Kasachstans, Kirgisiens, Lettlands, Litauen, Tadschikistans, Turkmenistans, Usbekistans, Estlands und aus mehr als 20 anderen Ländern mit russischen orthodoxen Kirchengemeinden gehört wurden. Sie sind Beispiel, wie Putin und der Kreml versuchen, die Gläubigen für die Erfüllung ihrer

---

44 http://kremlin.ru/events/president/news/56255

Ziele zu gewinnen. Dabei steht sowohl die Innen- als gleichfalls auch die Außenpolitik im Mittelpunkt der Auftritte Putins in der Öffentlichkeit. Gerade das wurde auch in einem Artikel des arabischen Experten Samir Hamdi im tunesischen Magazin „Meem Magazine" besonders hervorgehoben.[45]

Laut diesem Beitrag „würde Putin versuchen, die Unterstützung der Kirche zu bekommen, um die Gläubigen in seinem politischen Sinne zu beeinflussen. Damit hatte der Präsident bisher entscheidende Erfolge. Ein Ergebnis war zum Beispiel, dass die russische orthodoxe Kirche im Jahre 2011 ihren Geistlichen nach langjährigen Verboten zum ersten Mal erlaubte, sich in die Duma wählen zu lassen, um dort die Interessen der Kirche zu vertreten. Für den Kreml geht es hier natürlich in erster Linie darum, Putins Politik durch die Kirche unterstützen zu lassen. Es entspricht heute durch aus den Tatsachen, dass im modernen Russland bereits sehr enge Beziehungen zwischen Religion und Staat etabliert sind. Das heutige Oberhaupt der russischen orthodoxen Kirche Patriarch Kirill fordert sogar direkt und unverhohlen „eine enge Koordination und Partnerschaft zwischen Staat und Kirche". Dazu ist seine Rede vom 28. November 2012 auf einer Tagung zum Thema „Theologie in der Hochschule: Die Zusammenarbeit zwischen Kirche, Staat und Gesellschaft" von Interesse. Dort betonte Patriarch Kirill über „die Religion in der postsäkularen Gesellschaft", dass die säkularen Prozesse im modernen Europa verschiedene Lebensbereiche beeinflusst haben. Zuerst hätte die Säkularisierung der Wissenschaft stattgefunden und später das soziale Leben, Kultur, Bildung und schließlich auch die Politik umfasst. Die Religion und Kirche werden immer mehr aus dem privaten Alltag in einer Art Ghetto, bis zur radikalen Vertreibung

---

45 https://inosmi.ru/politic/20180609/242416879.html

aus den gesellschaftlichen Verhältnissen verdrängt. Das führe zum System des Staatsatheismus, den die ältere Generation in Russland aus eigenen Erfahrungen gut kennt.

Gebet bei der Einweihung: Putin und Patriarch Kirill

Foto: www.patriarchie.ru

Patriarch Kirill betont heute immer wieder zwei wichtige Momente in der Entwicklung. Er nennt zuerst die Säkularisierung als ein „unhomogenes Phänomen, das und in den verschiedenen Ländern auf unterschiedliche Weise wirkt". Die sowjetische Säkularisation stützte sich damals auf eine Ideologie, die die Religion vollkommen aus dem gesellschaftlichen Leben verdrängen musste. In den anderen Ländern – in Europa und USA – hatte sie dagegen mildere Formen. Zum zweiten nährte die Säkularisation – im Westen oder auch im Osten – den Gedanken der Erwartung des baldigen Todes der Religion in einer fortgeschrittenen zivilisierten Welt. Heute dagegen ist die Religion wiederbelebt und Millionen Menschen suchen Antworten auf die geistlichen Fragen und die Weltanschauung.

„Der russische Staat sei", so Patriarch Kirill, „ein weltlicher Staat und handele im Sinne der Prinzipien der Gewissensfreiheit und Glaubensbekenntnisse". Soziologisch gesehen würden in der Gesellschaft gewisse Transformationen erfolgen. Dazu zähle auch die Renaissance der Religion und die Zunahme der Zahl der Gläubigen. „Die russische Gesellschaft befindet sich" nach Patriarch Kirill „in der Übergangsperiode von der harten Säkularisation zur neuen Ära, in der die Religion erneut an Bedeutung gewinnt und aktuell wird. Manche Forscher bezeichnen diese neue Epoche als postsäkulare."[46]

Natürlich stellt die Kirche in diesem Zusammenhang selbst eigene Forderungen, die auch vom Kreml akzeptiert werden. Sie umfassen zahlreiche unterschiedliche Bereiche, wie die Rückgabe vom Sowjetstaat enteigneter Immobilien oder die Unterstützung ihrer missionarischen Tätigkeit. Dass der russische Staat der Kirche entsprechend ihrer politischen Haltung entgegen kommt, beweist zum Beispiel, das im Jahr 2000 alle Kirchengebäude in Russland mit Staatsunterstützung restauriert wurden. Auch aus diesem Grund hat die Kirche die Präsidenten-Wahlen beispiellos unterstützt, so dass Putin sie danach als einen natürlichen Partner der politischen Macht in Russland bestätigte.

Alexander Baunow vom Moskauer „Carnegie Zentrum" meint dazu, „dass so im Endeffekt aus der Kirche ein Putin-Ministerium entsteht, das religiöse Diplomatie im Interesse des Staates betreibt".[47]

---

46 http://www.patriarchia.ru/db/text/2619652.html
47 https://yle.fi/uutiset/3-9517708?origin=rss

Andrej Perzew aus der gleichen wissenschaftlichen Einrichtung, schreibt in seinem Artikel „Glaubenssymbol von Wladimir Putin. Was will der Präsident von der russisch-orthodoxen Kirche", dass die Kirche – wie sie Putin immer verstanden hat – eine ideologische Abteilung ist, die Vertreter der verschiedenen sozialen Schichten vereinigt und sie für die Verteidigung der Heimat inspiriert. Sicher ist auf jedem Fall, dass sich die Tradition aus dem zaristischen Russland fortsetzt, in dem die Kirche schon seit Peter dem Großen durch säkulare Macht verwaltet wurde und so zu einem Element der Staatsmacht wird.[48]

In diesem Zusammenhang ist auch die Teilnahme der russischen orthodoxen Kirche am Projekt „Russische Welt" interessant, die ganz offensichtlich die Übereinstimmung der Staats- und Kirchenkonzeption der Entwicklung Russlands und in erster Linie ihrer außenpolitischen Ziele demonstriert. Dieses Projekt ist nach der im April 2018 in der Internet-Zeitschrift „EurAsia Daily" wiedergegeben Meinung des Historikers und Publizisten Dimitry Semuschin, „Konzept und Komponente der Ideologie der besonderen russischen Interessen im postsowjetischen Raum". Das diese Interessen festschreibende Gesetz „Über die Staatspolitik der Russischen Föderation bezüglich der Landsleute im Ausland", wurde bereits im Mai 1999 verabschiedet. Darin steht, dass die Russische Föderation Rechtsnachfolger des Russischen Staates, der Russischen Republik, der RSFSR und der UdSSR sei – also aller Staatsformen, die einmal auf dem Territorium Russlands existierten. Darin wurde auch festgelegt, dass das Verhältnis zu den Staatsbürgern außer Landes eine besondere Rolle in der Außen- und Innenpolitik der Russischen Föderation spielt. Gerade dieses Gesetz bildet deshalb die eigentliche Grundlage für die zwischen 1999 und 2007

---

48 https://carnegie.ru/commentary/74893

ausgearbeitete Konzeption der „Russischen Welt". Ihre praktische Umsetzung und Finanzierung erfolgte dann am 21. Juni 2007 durch Putin kraft eines entsprechenden Edikts. Auf der ersten Tagung der „Russischen Welt" im November 2007 verglich man die Stiftung mit dem deutschen Goethe-Institut und sah sie – anders formuliert – als ein Soft-Power-Werkzeug in der Kulturpolitik an. Im gleichen Zusammenhang wurde dann im September 2008 die Behörde „Rossotrudnitschestwo" zur Unterstützung der russischen Kulturpolitik im Ausland ins Leben gerufen.

Patriarch Kirill 2012 in Polen

Foto: Webseite – www.patriarchie.ru

Patriarch Kirill stimmte in einer Rede auf der Dritten Versammlung am 3. November 2009 der Konzeption der „Russischen Welt" zu und nannte die Föderation in ihren aktuellen Grenzen „ein Zentrum der Russischen Welt", zu der neben Russland, die Ukraine und Weißrussland zählen. Diese drei sind eigentliche

Länder des Heilige Rus und bilden mit ihrem einzigartigen Zivilisationsraum auch eine geistliche Einheit. Ihre und die Grundlage der Russischen Welt sei die Orthodoxie, die russische Kultur und Sprache ihre Stütze, aber auch ihr gemeinsames historisches Gedächtnis und die einheitliche Vorstellung über die gesellschaftliche Entwicklung. Deswegen gibt es auch gerade für die Länder des historischen Russischen Reiches gewichtige Gründe für die Entwicklung der Integrationsprozesse und Förderung der entsprechenden Ideologie der Russischen Welt im postsowjetischen Raum.

Zur Verwirklichung diese Ziele entstand 1993 unter dem Dach der russischen orthodoxen Kirche die Organisation „Welt-Russische-Volks-Kathedrale" um die Einheit des russischen Volkes zu bewahren. So wurde die Kirche in diesem Sinne sogar Vorreiter der Ideen der „Russischen Welt", die im Juli 2005 einen besonderen beratenden Status bei der UNO zugesprochen bekam und seit Februar 2009 von Patriarch Kirill geleitet wurde.

Schon damals sah die „Kathedrale" die Förderung der Einheit der russischen Nation in den geistlichen, sozialen, kulturellen, Staats- und anderen Strukturen als ihre Hauptaufgabe an. In ihren Dokumenten interpretiert sie die Russische Nation als eine Erscheinung über die Grenzen hinaus. Genau diese Auffassung wurde im Mai 2011 auf der 15. Tagung „Ostslawische Zivilisation. Das Erbe von Prinz Wladimir" in einer Resolution festgeschrieben. Darin kommt vor allem ihr gemeinsames Bewusstsein für die Integration der Staats- und gesellschaftlichen Institutionen in einem einheitlichen kulturellen und historischen Raum zum Ausdruck. Zum Höhepunkt der „Kathedrale" wurde dann die 17. Tagung unter dem Leitgedanken „Russland als das Land der Zivilisation" im Herbst 2013. Der Historiker Semuschin schlussfolgerte daraus, dass die ideologische Konzeption der „Russischen Welt" in erster Linie dem Integrationsprojekt Russlands im postsowjetischen Raum dienen solle. Dazu zählten zuerst die Zollunion von 2010, 2015 das Projekt der Eurasischen Wirtschaftsunion und schließlich die weitere eurasische Integration.

Doch dieser Prozess einer wachsenden Rolle der russischen orthodoxen Kirche in der Außenwelt geht nicht nur problemlos vonstatten. So stand die scharfe Reaktion der Russisch-Orthodoxen Kirche im Streit um die Anerkennung der selbstständigen orthodoxen Kirche in der Ukraine gegen das Ökumenische Patriarchat von Konstantinopel durchaus im Weg.

Das war damit verbunden, dass Patriarch Bartholomaios I. von Konstantinopel u. a. zwei Bischöfe zu Exarchen für die Ukraine ernannte und sie beauftragte im Land die Bildung einer eigenständigen, und damit von Moskau unabhängigen Kirche, vorzubereiten. Doch die Russisch-Orthodoxe Kirche wollte natürlich ihre Oberhoheit über die dortige Orthodoxie behalten und betrachtet die Ukraine als ihr kanonisches Territorium, ohne das Recht Bischöfe zu ernennen. Wie die österreichische Agentur „Kathpress" berichtete, sollen russisch-orthodoxe Geistliche auf Weisung der Heiligen Synode unter Vorsitz von Patriarch Kyrill I. vorerst auch keine gemeinsamen Gottesdienste mit Priestern des Ökumenischen Patriarchats von Konstantinopel feiern dürfen. In den Messen werde zudem das Ehrenoberhaupt der Weltorthodoxie, der „Ökumenische Patriarch" Bartholomaios I. gar nicht mehr genannt. „Weitere Schritte", heißt es in der Erklärung vom Außenamtschef der Russisch-Orthodoxen Kirche „Metropolitan Hilarion", „sollen zur Einstellung des theologischen Dialogs mit Konstantinopel führen", was einem Abbruch diplomatischer Beziehungen entspricht. Kirchensprecher Alexander Wolkow sagte der russischen Nachrichtenagentur Interfax,

„man habe mit dem Beschluss die Ampel in den Beziehungen zu Konstantinopel auf Gelb gestellt. Sie könne als nächstes entweder auf Rot springen und so jede Bewegung stoppen, oder grünes Licht für die Wiederaufnahme des Dialogs signalisieren".[49]

Patriarchen Kirill und Bartolomaios I.

Foto: Webseite – www.patriarchie.ru

Die Geschichte der Beziehungen der russischen orthodoxen Kirche mit Konstantinopel wird von zahlreichen maßgeblichen Ereignissen geprägt. Der Analytiker des Moskauer „Carnegie Zentrum" Alexander Sanemonez resümierte, „dass sie in vielerlei Hinsicht den Beziehungen der Länder selbst ähnelt". Kiew galt nach den ersten Chroniken als die „Mutter der russischen Städte"; und der Metropolitan von Kiew gewissermaßen als so etwas wie

---

49 https://www.kathpress.at/goto/meldung/1676277/russisch-orthodoxe-kirche-bricht-mit-konstantinopel

„Chef der russischen Bischöfe". Er war auch Patriarch von Konstantinopel, wie die gesamte russische Kirche als Teil dieses Patriarchats bis zum Ende des XVI. Jahrhunderts zählte. Selbst der Täufer, der russische Fürst Wladimir, St. Sergius von Radonesch und Rev. Neil Sorsky und alle anderen russischen Heiligen aus dem Mittelalter, gehörten zum Patriarchat von Konstantinopel.

Erst als dann Moskau zur Hauptstadt Russlands aufstieg, wurde der Metropolitan von Kiew zu einem Moskauer Vasall „degradiert". Die Ländereien der alten Kiewer Rus wurden zwischen Moskau und Litauen aufgeteilt. Der zu Litauen gehörende Metropolitan von Kiew betrachtete sich schließlich als Nachfolger der alten kirchlichen Strukturen. Selbst als im Jahre 1589 die Moskauer Kirche ihre Unabhängigkeit von Konstantinopel gewann, zählte der Kiewer Patriarch weiterhin zum alten Patriarchat. Nach der Vereinigung der Kirchen unter Bohdan Khmelnyzkyj im 17. Jahrhundert fiel das orthodoxe Kiew an das Moskauer Patriarchat. Konstantinopel dagegen betrachtete diese Veränderungen als vorübergehende Lösung. So behielt Moskau im Vertrag von Perejaslaw das Recht, den „Ökumenischen Patriarch" in Kiew zu ernennen. Dabei ging es auch um einen Treueeid, den die Saporoger Kosaken auf der „Kosakenrada" in Perejaslaw 1654 auf den russischen Zaren Alexei I. schworen, um auf sich auf diese Weise von Polen loszusagen, somit eines der wichtigsten Ereignisse in der Geschichte der russisch-ukrainischen Beziehungen.

Die nationalistisch eingestellten Politiker in der unabhängigen Ukraine versuchen mit großen Anstrengungen eine eigene, von Moskau unabhängige Kirche, zu begründen. Der frühere Metropolitan Philaret spielte dabei schon 1990, nach dem Tod des russischen Patriarchen Pimen als für kurze Zeit kommissarisches Oberhaupt der Russisch-Orthodoxen Kirche, eine entscheidende Rolle. Bei der anschließenden Wahl unterlag er allerdings und wurde daraufhin zum Leiter des „Exarchats Ukraine" als Metropolitan von Kiew und der Ukraine bestimmt. Schon 1992 gründete Philaret die „Ukrainische Orthodoxie" und wurde 1995 zum Patriarchen der „Ukrainischen Orthodoxen Kirche" in Kiew. Trotz Kirchenbann durch das Moskauer Patriarchat 1997 setzte er sich seit 2008 wieder verstärkt für ein Zusammengehen der beiden orthodoxen Kirchen ein.

Zur gleichen Zeit nahm die kirchliche Entwicklung verschiedene Wege. So entstanden neben der autonomen Kirche des Moskauer Patriarchats in der Ukraine weitere, nicht als selbstständig anerkannte autonome Glaubensrichtungen, und es war zu erwarten, dass sich in der Ukraine bald wieder eine autonome, selbstständige Kirche unter der Oberhand von Konstantinopel etablieren wird. Eine ähnliche Situation besteht heute in Estland, wo gleichfalls eine autonome Kirche des Patriarchats von Konstantinopel existiert. Doch eines ist auch hier klar: die internationalen Aktivitäten des Moskauer Patriarchats zur Unterstützung der Idee der Russischen Welt werden dadurch weitgehend eingeschränkt.[50]

---

50 https://carnegie.ru/commentary/77273

Kapitel 7

Der orthodoxe Kirchenkrieg
schadet dem Kreml

Seit dem 6. Januar 2019 ist die orthodoxe Kirche der Ukraine durch die Fusion der vorherigen Ukrainisch-Orthodoxen Kirche mit der „Autokephalen" selbstständiger Teil des „Ökumenischen Patriarchats" von Konstantinopel. Sie gehört so zu den 14 weiteren Autokephalen-Orthodoxen-Kirchen in der Welt. Das ist im Zusammenhang mit dem Verhältnis Russlands und der Ukraine von besonderer Bedeutung, denn nach dem Zerfall der UdSSR gab es bis zum vergangenen Jahr auf dem ukrainischen Territorium verschiedene orthodoxe Glaubensrichtungen. So existierte eine bis dahin – allerdings von den anderen nicht anerkannte – Ukrainisch-Orthodoxe-Kirche des Kiewer Patriarchats, eine Kanonische-Ukrainisch-Orthodoxe-Kirche des Moskauer Patriarchats sowie eine gleichfalls nicht als kanonisch anerkannte weitere Ukrainische-Autokephale-Orthodoxe-Glaubensgemeinschaft.

Seit Oktober 2018 unterstehen die Orthodoxen Kirchen der Ukraine nun dem Ökumenischen Patriarchat von Konstantinopel in Istanbul. In diesem Zusammenhang sei daran erinnert, dass Kiew seit 1647 zum russischen Zarenreich zählte und so der orthodoxen Kirche in Moskau unterstellt war. Seitdem gab es mehrere Male in erster Linie politisch begründete Versuche, eine von Moskau unabhängige orthodoxe Kirche auf dem ukrainischen Territorium zu gründen. Heute gehören circa 47 Prozent aller ukrainischen Gläubigen zur fusionierten Kirche und 53 Prozent zum Moskauer Patriarchat. Andere Veröffentlichungen („Tagesspiegel", 6. Januar

2019) sprechen sogar davon, dass 65 Prozent der Einwohner der Ukraine Mitglied der „Orthodoxe Kirche der Ukraine" sind.

Entscheidend für die Gründung der neuen – von Moskau unabhängigen Kirche – war eine kirchenrechtlich sanktionierte Erklärung (Tomos) des Patriarchen von Konstantinopel, mit dem Vorbehalt, dass alle wichtigen Entscheidungen der ukrainischen Kirche vorher von ihm gebilligt werden müssen. Das ist gegen geltendes Recht, da sich nach dem Tomos – so betonte der Religionsexperte der Moskauer Unabhängigen Zeitung, Andrew Melnikow, in einem Artikel vom 5. Januar 2019, dass sich die gesamte Ukrainische Orthodoxe Kirche in den Grenzen des politisch bestimmten und unabhängigen ukrainischen Staat befindet.[51]

Die Folgen könnten für die Ukraine gravierend werden. So schrieb der „Tagesspiegel" am 6. Januar 2019, dass die „Pessimisten nun einen Kampf um Gotteshäuser, Klöster und den zugehörigen Immobilien befürchten". Nach einer Umfrage des Kiewer „Razumkow-Institutes" unterstützt nur jeder siebte Ukrainer in der mehrheitlich russischsprachigen Ostukraine und im Süden entlang der Schwarzmeer- und Asowschen Küste die Kirchenspaltung.[52]

Besonders hervorzuheben ist in diesem Zusammenhang die Auffassung des obersten Geistlichen der „Russischen-Orthodoxen Kirche". Er erklärte die Handlungen des Konstantinopler Patriarchen für null und nichtig, weil sich die „Orthodoxen Kirchen in der Ukraine bisher nicht anerkannt in Obhut der Russischen Orthodoxie befanden und als offiziell verdammt wurden". Diesen „Fluch" hatte der Konstantinopler Patriarch dem entgegen

51 www.ng.ru/faith/201901)05/100_tomos0501.html
52 www.tagesspiegel.de/politik/gegen-wiederstand-aus-moskau-orthodoxe-kirche-der-ukraine-gegruendet/23833156.html

pro forma aufgehoben, obwohl er nach der Meinung des Moskauer Patriarchen Kirill kein Recht dazu hatte.

Die Zukunft der neuen ukrainischen Orthodoxen Kirche hängt heute jedoch davon ab, wie sie von den anderen selbständigen Religionsvereinigungen unterstützt und anerkannt wird. Bisher stehen nur die serbische und polnische Orthodoxe Kirche auf russischer Seite, während andere Länder noch abwartende Position einnehmen.

Auch das vergangene Jahr 2019 wurde durch die Auseinandersetzungen zwischen Konstantinopel und Moskau um die Gefolgschaft der ukrainischen Gläubigen geprägt, die letzten Endes die gesamte strenggläubige Diaspora betrafen. Dieser Kampf entflammte vor allem durch die Tatsache, dass der von der Moskauer Kirchenleitung zwar nicht anerkannte, aber dennoch gewissermaßen als Erster geltende Patriarch von Istanbul entschied, das Oberhaupt der ukrainisch-orthodoxen Kirche, Filaret, wieder als geistigen Führer einzusetzen. Dem russischen Patriarchen Kirill gelang es schließlich, die unter der Oberhoheit von Konstantinopel stehende Kirchenführung der westeuropäischen Kirchengemeinden zu überzeugen, sich dem Moskauer Patriarchat anzuschließen, zu dessen Einflussbereich europaweit über 110 Kirchengemeinden und Klöster in Frankreich, Großbritannien, Belgien, den Niederlanden, Deutschland, Italien und Skandinavien zählen.

Milena Faustowa, Kommentatorin der „Nesawissimaja Gaseta" berichtete in diesem Zusammenhang über ein auf Initiative des Patriarchen von Jerusalem, Theophilos III., im Februar 2020 im jordanischen Amman stattgefundenes Treffen von sechs der fünfzehn führenden Oberhäuptern der selbstständigen orthodoxen Kirchen. Hier stand die Überwindung der Spaltung ihrer

Glaubensgemeinschaften im Mittelpunkt, die ja nicht nur durch die Anerkennung der neu gegründeten und von Moskau unabhängigen „autozephalen orthodoxen Kirche" in der Ukraine im Dezember 2018 durch den Patriarchen von Konstantinopel Bartholomäus entstand, sondern auch von der den zweiten Platz in der Hierarchie einnehmenden, für ganz Afrika zuständigen „Orthodoxie Alexandria" und von der „Griechischen orthodoxen Kirche" bestätigt wurde. Doch in Amman wurde keine Einigung erzielt. Im Gegenteil: Bartolomäus beschuldigte die an dieser Beratung teilnehmenden Kirchenvertretungen der Zusammenarbeit mit Russland, so dass die Spaltung auch weiterhin besteht.[53]

Wie schrieb in dieser Zusammenhang Dr. Uwe Halbach, Wissenschaftler in der „Forschungsgruppe Osteuropa und Eurasien" in seinem Beitrag zum Thema Kirche und Staat in Russland:

„Unter Präsident Wladimir Putin erstarkte ein Konservatismus, mit dem sich Russland von einem angeblich traditionsfeindlichen Westen abgrenzt. Vor allem in Putins dritter Amtszeit (2012–2018) wurde die Zusammenarbeit des Kreml mit der „Russischen-Orthodoxen Kirche (ROK)" ausgebaut. Gemeinsam widmete man sich auch der patriotischen Präsentation der Geschichte Russlands als einer Großmacht, die einer „vom Westen dominierten Weltordnung" entgegentritt. Dabei versteht sich das Moskauer Patriarchat zwar nicht als Erfüllungsgehilfe des Kreml und übte seinerseits auf die Regierungsführung einen nur sehr begrenzten Einfluss aus. Aber in einem gemeinsamen Wertediskurs betonen kirchliche und staatliche Sprecher die „kulturelle Souveränität" und „einzigartige Zivilisation" ihres Landes, und die kirchlichen Außenbeziehungen solidarisieren sich in einigen Fällen mit der staatlichen Außenpolitik. Besonderes

---

53 http://www.ng.ru/faith/2020-02-26/1_7803_religion.html

Aufsehen erregte der Streit um eine vom Moskauer Patriarchat getrennte eigenständige Orthodoxe Kirche der Ukraine, der im April 2018 aufflammte, in Kiew wie auch in Moskau politisiert wurde und weite Kreise zog. Schon diese grenzüberschreitende Auseinandersetzung fordert es geradezu heraus, sich eingehender mit nationalen und außenpolitischen Akzenten von Orthodoxie und mit dem Verhältnis von Kirche und Staat in Russland zu befassen".[54]

Als sich 2018 eine eigenständige und geeinte ukrainische Kirche vom Moskauer Patriarchat lossagte, forderte dies sowohl das kanonische Territorium der „ROK" als auch das Konstrukt der „Russischen Welt" heraus. Jetzt könnte, so einige Kommentare, der Zerfall der Sowjetunion auf kirchlichem Gebiet nachgeholt werden. Die „Russische Welt" stellt eine "diffuse mentale Landkarte" dar.

Auf jeden Fall ist diese Spaltung im Zusammenhang mit der bisherigen russischen Führungsrolle sehr ernst zu nehmen, weil es die Möglichkeiten des Kreml zur Einflussnahme der russischen Kirche für ihre politischen Interessen künftig erheblich einschränken könnte.

---

54 https://www.swp-berlin.org/publikation/kirche-und-staat-in-russland-1/

Kapitel 8

Auf der Suche nach eigenen Wegen

Im Verlauf der Geschichte zwangen die Ereignisse in Russland nach eigenen neuen Wegen zu suchen. Einer der aktuellen Hauptgründe war die Weigerung des Westens, das Land als vollwertigen Partner und Mitglied der großen Völkergemeinschaft anzuerkennen.

In diesem Teufelskreis und der Suche nach den eigentlichen Schuldigen wurde vom Westen, Russland und Putin vehement als verantwortlich für diese Situation hingestellt. Doch es gab auch eine ganze Reihe von Beispielen, die bestimmte Reaktionen Russland direkt heraufbeschworen. So 1999 im Verlaufe der Belgrader Krise, als der damalige russische Ministerpräsident Eugenij Primjakow sein Flugzeug auf dem Weg zu einem offiziellen Staatsbesuch in die USA auf eigene Verantwortung umkehren ließ, um so gegen den NATO-Beschluss der Bombardierung Jugoslawiens zu protestieren. Mit Russland als UNO-Sicherheitsratsmitglied wurde über diese militärischen Aktionen nicht gesprochen. Oder die weniger bekannte Geschichte der Einnahme des Flughafens der Stadt Pristina im Kosovo durch ein russisches Bataillon von Fallschirmjägern. Von diesem Flughafen mit seinen Landemöglichkeiten für schwere Transportflugzeuge sollte die Bodenoperation in Jugoslawien durch die NATO beginnen. Die als Friedenstruppe in Bosnien und Herzegowina stationierten russischen Fallschirmjäger besetzten nach einem 600 Kilometer Eilmarsch noch vor der Ankunft der Briten diesen Flughafen und behinderten den Beginn der NATO-Operation. Dieser Einsatz bewies sehr eindringlich, dass man Russland auf der politischen

Weltbühne durchaus akzeptieren sollte, denn das Land war selbst zu militärischen Auseinandersetzungen mit der NATO bereit. Die Drohgebärden und Überlegungen des russischen Generalstabs erwiesen sich als richtig, denn es hätte 1999 zu einem Krieg zwischen der NATO und Russland kommen können. Der britische Sender BBC meinte dazu, dass viele Historiker die Ereignisse in Pristina als gefährlichste Verschärfung der Beziehungen zwischen Moskau und Westen seit der karibischen Krise ansahen. Der britische Kommandant der KFOR-Truppen, General Sir Michael Jackson, weigerte sich damals, den Befehl des damaligen Oberbefehlshabers der NATO-Streitkräfte in Europa, US-General Wesley Kanne Clark, auszuführen und die Russen anzugreifen. Jackson sagte angeblich, dass er den Dritten Weltkrieg nicht auslösen wollte. Aber auch General Joseph W. Ralston, Stellvertreter von The Chairman of the Joint Chiefs of Staff (CJCS), an den Clarks sich dann wandte, gab keinen Befehl zum Angriff auf die russischen Fallschirmjäger.[55]

Neben der Verschärfung der Lage in der Ukraine, die zum Sturz der Regierung Janukowitschs führte und 2014 mit dem Anschluss der Krim an Russland endete, ist Georgien als weiterer Brennpunkt in der Geschichte der beiderseitigen gegenseitigen Enttäuschung des Westens und Russlands zu erwähnen. Der georgische Angriff auf die russische Friedenstruppe entlang der Grenze zwischen Georgien und dem abtrünnigem Südosetien am 8. August 2008 bewies einmal mehr, dass Russland seine Interessen auf postsowjetischen Raum notfalls auch mit Waffen verteidigen wird. Die Ergebnisse dieser nur eine Woche dauernden kriegerischen Auseinandersetzung führten außerdem

---

55 https://www.bbc.com/russian/international/2014/06/140610_pristina_march_anniversary

zu einer weitgehenden Reform der russischen Streitkräfte. Aus diesen Gründen sah sich die westliche Seite gezwungen, andere Wege zu suchen, um den russischen Anspruch auf Dominanz im postsowjetischen Raum ohne Waffenanwendung zu begrenzen.

Dr. Kai-Uwe Lang von der „Forschungsgruppe EU/Europa des Deutschen Instituts für Internationale Politik und Forschung" schrieb darüber in seinem Beitrag „Eine Partnerschaft für den Osten", dass die Regierungen Polens und Schwedens ihren Partnern in der Europäischen Union Vorschläge zur Vertiefung der Zusammenarbeit mit den östlichen Nachbarn der EU unterbreitet haben. Der Europäische Rat beauftragte aufgrund der Ende Mai 2008 im Kreis der EU-Außenminister eingebrachten Initiative die Kommission damit, das Papier bis zum Frühjahr 2009 inhaltlich weiter zu konkretisieren. Auf den Strukturen der Europäischen Nachbarschaftspolitik (ENP) aufbauend, sollten die bilateralen Beziehungen der EU zu den östlichen Anrainern verbessert und multilaterale Kooperationsformen etabliert werden. Lang meint, dass dieser Vorschlag obwohl er im Grunde genommen wenig Neues in sich birgt, dennoch durch konkrete Projekte dazu beitragen kann, der Europäischen Nachbarschaftspolitik-Ost den nötigen politischen Rückhalt unter den EU-Mitgliedstaaten zu sichern. Besonders interessant sind in diesem Zusammenhang die vorrangigen Aspekte der Reformen in den östlichen Partnerländern, zu denen die Demokratie und die Vervollkommnung des Verwaltungssystems und ihre Stabilität, die Wirtschaftsintegration und Konvergenz mit der EU-Branchen-Wirtschaftspolitik, die Sicherheit in der Energetik und die Liberalisierung des Visumregimes zählen. Gerade der Abschluss beiderseitiger Assoziierungsabkommen wäre in Zukunft ein entscheidender Schritt zur weiteren wirtschaftlichen und politischen Integration der Europäischen Union. Auf jeden Fall ist diese Initiative eine Antwort auf die Veröffentlichungen zur neuen Konzeption der russischen Außenpolitik vom 15. Juli 2008, die an die bereits vor Jahren am 28. Juni 2000 vom russischen Präsidenten bestätigte Richtung der Außenpolitik der Russischen Föderation anschließt.

In allererster Linie geht es im Zusammenhang mit Russlands Interessen in den früheren sowjetischen Landesteilen um die weitere Durchsetzung der von der Gemeinschaft der unabhängigen Staaten (GUS) vorgesehenen Zielstellungen, die bereits 1991 durch Russland, Weißrussland und die Ukraine festgelegt wurden. Heute bilden die GUS-Staaten Russland, Weißrussland, Aserbaidschan, Armenien, Kasachstan, Kirgisien, Moldau, Tadschikistan, Turkmenien und Usbekistan ein Forum für den politischen Dialog und die Zusammenarbeit in der Wirtschaft, im humanitären Bereich, für die Erfüllung traditioneller und neuer Aufgaben und den Kampf gegen Bedrohungen von innen und außen.[56]

Hier ist es besonders interessant, die bisherige Konzeption der russischen Politik mit den neuen Zielen zu vergleichen. Bereits am 23. April 1993 stellte der damalige russische Präsident Jelzin die erste Konzeption der Außenpolitik Russlands vor.

Gute nachbarliche Beziehungen mit den benachbarten Ländern, um vor allem destabilisierende Prozesse auf dem Territorium der Ex-UdSSR zu vermeiden, wurden darin zur Hauptaufgabe, um die Stellung Russlands als Weltmacht besonders ins politische Blickfeld zu rücken.

Bereits am 28. Juni 2000 stellte Präsidenten Putin ein neues Konzept vor und erklärte, die seinerzeit 1993 für eigentlich alle Seiten geplanten gleichberechtigen und vorteilhaften

---

56 http://kremlin.ru/acts/news/page/367

Partnerbeziehungen Russlands mit der Außenwelt, nicht mehr für gerechtfertigt. Ihm ging es dabei vor allem um die führende Rolle seines Landes. Die Festigung des Bundes zwischen Russland und Weißrussland wurde für ihn zur vorrangigen Aufgabe.[57]

Putin mit dem weißrussischen Präsidenten Alexander Lukaschenko

Foto: Nesawsisimaja Gaseta

Diese angestrebte östliche Partnerschaft verschärfte natürlich die Beziehungen zwischen Russland und dem Westen und erwies sich auch für die Realisierung der Ziele Russlands in den anderen Ländern im postsowjetischen Raum als Hindernis. Die tschechische Organisation „Projekt Syndikate" veröffentlichte auf ihrer Web-Seite „The World's Opinion Page" am 8. August 2018 unter dem Titel „The Turning Point of 2008" einen Beitrag des britischen Historikers und Professors an der Columbia Universität,

57 https://www.kommersant.ru/doc/2089574

Adam Tooze, der das Jahr 2008 in der Wirklichkeit als einen Wendepunkt in den Beziehungen zwischen Russland und dem Westen darstellt. Die Auseinandersetzungen im August 2008 waren seiner Meinung nach Ausdruck für die Beendigung der westlichen Hegemonie in Europa, die fast zwei Jahrzehnte nach dem Ende des Kalten Krieges andauerte. So schrieb er, „das Georgien von den Verhandlungen über den NATO-Beintritt durch die US-Administration des Präsidenten George Walker Bush (Junior) ermutigt wurde". Das zwang Präsident Putin zur Verteidigung seiner roten Linie, die er ein Jahr früher auf der Münchener Sicherheitskonferenz im Februar 2007 vertreten hatte.[58]

Auf dieser Konferenz hatte Putin auch mit dem italienischen Verteidigungsminister über die Anwendung von Gewalt diskutiert, der sie nur dann für legitim hielt, wenn sie auf der Grundlage von Entscheidungen der NATO, der EU oder der UNO basiert. Nach den Worten des russischen Präsidenten ist eine Anwendung von Gewalt nur dann erlaubt, wenn ihr ein bestimmender UNO-Beschluss zu Grunde liegt, der jedoch nicht durch die NATO oder die EU ersetzt werden kann. Putin betonte, dass auch die NATO-Erweiterung keinerlei Bezug zur Modernisierung der Allianz selbst oder zur Gewährleistung der Sicherheit in Europa habe. Im Gegenteil, das sei ein provozierender Faktor, der das Niveau des gegenseitigen Vertrauens senken würde.[59]

Adam Tooz bemerkte dazu, dass die Europäische Union auf der Unschuld ihres Integrationsmodells beharrte. Treuherzig würden ihre hohen Vertreter behaupten, dass nicht der Gewinn von

---

58 https://www.project-syndicate.org/commentary/russia-georgia-invasion-and-2008-financial-crisis-by-adam-tooze-2018-08

59 http://www.ag-friedensforschung.de/themen/Sicherheitskonferenz/2007-putin-dt.html

geopolitischen Vorteilen, sondern Frieden, Stabilität und Rechtsstaatlichkeit, ihre Ziele seien. Sie glauben, dass die postkommunistischen Länder in Wirklichkeit die Lage ganz anders sehen. Für sie sei die Mitgliedschaft in der NATO und in der Europäischen Union Teil eines antirussischen Pakets, wie 1950 für die westeuropäischen Staaten.

Doch die Folgen der EU-Bestrebungen für eine östliche Partnerschaft brachten keine Normalität. Allgemeine Unruhen, und auch der abenteuerliche georgische Einmarsch unter dem damaligen Präsidenten Michail Saakaschwilli in Südosetien, führten schließlich zu einem Beschluss über den Austritt aus dem „GUS-Verbund", dem das Georgisches Parlament einstimmig zustimmte.[60]

Der Brite Adam Tooz sieht die Ukraine als das strategisch wichtigste Land im postsowjetischen Raum. Der von der Ukraine militärisch unterstützte Krieg in Georgien, mit ihren Raketen vom Typ BUKs M1 wurden mindestens vier russische Militär-Flugzeuge abgeschossen – aber auch die große Finanzkrise – hatten große Auswirkungen. Professor Tooz nennt als eine der Ursachen der Finanzkrise 2008 die Politik des Westens gegenüber den Ländern des postkommunistischen Europa. Die in die NATO und in die EU aufgenommenen ehemaligen sozialistischen Länder seien von Hunderten Milliarden US-Dollar Investitionen abhängig, die als Kredite von den gleichen europäischen Banken zur Verfügung gestellt wurden, die u. a. für den Boom auf dem Immobilien-Markt in den USA, in Großbritannien, Irland und in Spanien zuständig waren. Das alles öffnete auch für Janukowitsch den Weg zur Macht. Nach der Auffassung von Adam Tooz

---

60 https://www.bbc.com/russian/international/2009/08/090817_georgia_
leaves_cis

war das Endergebnis ein nichterklärter Krieg gegen Russland.[61] Die Ablehnung der Unterschrift unter das Assoziierungsabkommen mit der EU auf dem dritten Gipfeltreffen der „Östlichen Partnerschaft" im litauischen Vilnius vom 28. bis 29. November 2013 hatte schließlich den späteren Sturz des ukrainischen Präsidenten Janukowitsch zu Folge. Der FAZ-Korrespondent Konrad Schuller meinte dazu drastisch: „Der Sturz des ukrainischen Präsidenten Viktor Janukowitsch dauerte drei Tage. Am ersten, dem 20. Februar 2014, einem Donnerstag, erreichte der Aufstand des Euromajdan im Zentrum Kiews seinen Höhepunkt. Es hatte zuvor Tote gegeben, unter ihnen viele Polizisten. Der Präsident war am Ende seiner Kräfte. Seine langjährige Vertraute Hanna Herman erzählt, sie habe ihn völlig aufgelöst in seinem Büro angetroffen. Janukowitsch, der sonst auf Äußeres achtete und eine jüngere Geliebte unterhielt, sei, während die Stadt unter Rauch stand, mit heraushängendem Hemd erschienen, zitternd, von Selbstmord redend. Als sie ihm widersprach, habe er sie hinausgeworfen."

Ein Amtsenthebungsverfahren gegen Janukowitsch, so wie es die Verfassung vorsieht, hat es allerdings nie gegeben.[62]

Diese Ereignisse führten letzten Endes zur entscheidenden Wende in den Beziehungen zwischen Russland und dem Westen. Es begann die Periode der Sanktionen und – wie der russische Ministerpräsident Dimitrij Medwedew formulierte – der Wirtschaftskrieg gegen Russland.

---

61 https://www.project-syndicate.org/commentary/russia-georgia-invasion-and-2008-financial-crisis-by-adam-tooze-2018-08)

62 http://www.faz.net/aktuell/politik/ausland/europa/ukraine-konflikt-viktor-janukowitschs-letzte-tage-13388710.html).

Wladimir Putin und Ministerpräsident Dimitry Medwedew

Foto: Archiv Nesawissimaja Gaseta

Kapitel 9

Die Wiedergeburt Russlands als Supermacht?

Der deutsche Analytiker und langjährige Korrespondent des „Handelsblatt" in Moskau, Mathias Brüggmann, schrieb in einem Kommentar am 16.07.2018 unter dem Titel „Putin sorgt für Russlands Wiederaufstieg", dass es der russische Präsident durch sein Treffen mit Donald Trump geschafft habe, was viele nicht für möglich hielten: „Mit den USA wieder auf Augenhöhe zu spielen".[63]

In einem Interview am 12.01.2016 in BILD meinte er, dass Russland die Rolle einer Supermacht nicht beanspruche. „Das ist viel zu teuer und unnötig. Wir sind weiterhin eine der führenden Wirtschaftsnationen der Welt, und wenn es um den Begriff ‚Regionalmacht' geht, dann empfehle ich einen Blick auf die Weltkarte. Im Westen ist unsere Region Europa. In der östlichen Region sind Japan und die USA mit Alaska unsere Nachbarn. In der nördlichen Region haben wir über den arktischen Ozean eine Grenze zu Kanada. Wer die Bedeutung Russlands in der Welt trotzdem herabsetzen möchte, der will in Wahrheit nur sich und sein eigenes Land erhöhen. Das ist ein Fehler."

Über die G8-Treffen sagte er, dass sie alle durchaus nützlich waren, denn es sei immer gut, alternative Meinungen auszutauschen und Russland zuzuhören. Diesen Austausch pflege das Land ja

---

63 https://www.handelsblatt.com/meinung/kommentare/kommentar
-putin-sorgt-fuer-russlands-wiederaufstieg/22803436.html?ticket=
ST-451180-zxykfzD3iUFjXdUOY4yg-ap2

auch weiterhin in der Runde der G20, der APEC-Staaten aus dem Asien- und Pazifikraum und im Kreis der aufstrebenden BRICS-Länder.[64]

Doch der Begriff „Supermacht" birgt eine sehr lange wechselvolle Geschichte in sich. Schon 1944 findet sich dieser Begriff in dem Werk: „The Super-Powers – the United States, Britain, and the Soviet Union – their Responsibility for Peace" (Harcourt Brace,1944), des US-Professors William Thornton Rickert Fox, Direktor des Columbia Institute of War and Peace Studies. Laut Lexikon stehen die Bezeichnungen Super-, Welt- und auch Großmacht für einen Staat, der globale Entwicklungen aufgrund hervorragender Fähigkeiten und Potenziale beeinflusst und bestimmt und somit weltweit, Einfluss auf Länder und ihre Beziehungen untereinander nehmen kann. Seine globale politische Durchsetzungskraft und seine Einflussmöglichkeiten stehen im engen Zusammenhang mit seinem ökonomischen, finanziellen und militärischen Potenzial. Kennzeichnend ist vor allem die Fähigkeit, weltweit militärische Macht zu demonstrieren, einschließlich des Besitzes strategischer Nuklearwaffen. In der Regel gehört auch der Status einer Seemacht dazu, wie auch in Wikipedia nachzulesen ist. Antrieb für sein politisches Handeln ist eine Staatsphilosophie, deren Ziele kulturell durch die Gesellschaft verinnerlicht und getragen werden und weltweit Einfluss haben.[65]

Bereits 2017 rückten die USA von ihrer bis dahin vor allem in der Außenpolitik praktizierten Isolation ab, indem sie begannen, ihre eigenen politischen Werte international bekannt zu

---

64 https://www.bild.de/politik/ausland/wladimir-putin/interview-mit-dem-russischen-praesidenten-44096422.bild.html
65 https://de.wikipedia.org/wiki/Supermacht

machen und hervorzuheben. Der deutsche Politiker Rolf Mützenich (SPD) betonte in seiner Rede „Was macht eine moderne
Weltmacht aus?" auf dem VII. Chinesisch-Deutschen Sicher-
heitsdialog der „Gesellschaft für Internationale Verständigung"
und der „Friedrich-Ebert-Stiftung" in Peking (13.-15. Mai 2008)
die heute gültigen wichtigen Merkmale einer Supermacht. Zum
einen sei „sie" als Weltmacht etabliert, die bestehende Ordnung
aufrecht zu erhalten, wie z. B. Großbritannien zur Zeit des Britischen Imperiums und die USA und die Sowjetunion während
des Ost-West-Konfliktes. Seit 1990 sei die USA einzige Welt-
ordnungsmacht. Doch dieser Zustand sei vorüber und gehe zu
Ende. Es bestände weitgehende Übereinstimmung darüber, dass
die USA, China, Russland, Indien und die Europäische Union
die Weltmächte der Zukunft sein werden.

Der Politiker zeigt sich überzeugt, dass die „unipolare Weltordnung" zu Ende geht. Es könnte seiner Auffassung sogar sein,
dass die internationale Ordnung der Zukunft keine Weltmächte im traditionellen Sinne mehr kennt, weil die Regelungs- und
Regierungsfähigkeit eines Nationalstaates in „unbegrenzten Räumen" zunehmend schwindet. Rolf Mützenich beruft sich dabei
auf Richard N. Haass, der in seinem Essay für „Foreign Policy"
betonte, „dass wir in einem Jahrhundert der Nichtpolarität leb-
ten. Dies bedeute, dass die Nationalstaaten ihr Machtmonopol
verloren haben und zunehmend Konkurrenz von oben, von regionalen und globalen zwischenstaatlichen Organisationen und
von unten, zum Beispiel von den Sicherheitskräften, den Nichtregierungsorganisationen (NGO) und multinationalen Unternehmen bekommen. Von klassischer Multipolarität könne daher
keine Rede mehr sein, da es fortan diverse Machtzentren, zahlreiche Akteure und eine eher breite, statt konzentrierte Macht-
verteilung gäbe".

In der Frage nach den Weltmächten der Zukunft, sieht Mützenich in erster Linie eine Verschiebung der globalen Einflusskräfte: Weg von der einzig verbliebenen Weltmacht USA, hin zu den G20-Staaten unter Führung von China, Indien und Brasilien und gleichfalls zu Europa.

Dem Politiker Mützenich ist durchaus zuzustimmen, dass mit dem Aufstieg Chinas zur globalen Weltmacht des 21. Jahrhunderts auch die neue Welt grundsätzlich multipolaren Charakter bekommt. Im chinesischen Bewusstsein hingegen bedeutet der Aufstieg Chinas das Wiedererstarken einer der größten und ältesten Kulturen der Welt, die eine 150jährige Phase der Schwäche und der Demütigungen endgültig überwunden hat. Er führt in seiner Rede die Angaben der Bertelsmann Stiftung, Anfang 2018, an, in der mehr als 10.000 Menschen in den USA, Russland, Brasilien, China, Indien, Japan, Frankreich, Deutschland und Großbritannien nach den künftigen Weltmächten befragt wurden. Mützenich konstatiert nach diesen Ergebnissen, dass sich die USA unangefochten In der Rangliste der Weltmächte auf Platz 1 finden, gefolgt von China. Vier von fünf Befragten sehen die Vereinigten Staaten auf Platz 1; für China votierte jeder Zweite. Es folgen gleichauf liegend Japan, vor Großbritannien und der EU. Deutschland nimmt zusammen mit den Vereinten Nationen den siebenten Platz ein. Rolf Mützenich hebt hervor, dass Länder, allein mit einer zahlenmäßig großen Armee, den Status „Weltmacht" nicht mehr allein bestimmen. Wirtschaftskraft, politische Stabilität, Forschung und Bildung sind laut Umfrage viel wichtiger.

Interessanterweise betrachten die Europäer die Europäische Union heute und auch in Zukunft als Weltmacht. Fast 50 Prozent der Franzosen, 53 Prozent der Engländer und 75 Prozent der Deutschen sehen in der Europäischen Union schon heute einen

Global Player – im Gegensatz zu nur 32 Prozent der weltweit Befragten. Eine Bemerkung am Rande: Laut Umfrage halten 49 Prozent der Deutschen ihr Land für eine Weltmacht, Prozent gehen davon aus, dass es auch in Zukunft eine Führungsrolle in der Welt spielen wird.

Unabhängig von Umfragen und Ranglisten zeigt sich zu Beginn des 21. Jahrhunderts eine grundlegende Veränderung des Charakters der Macht. Anders als in früheren Zeiten, kann sie – allein aus sich heraus – nicht mehr genügend Rechtmäßigkeit beweisen. Besonders wirtschaftliche Stärke ist heute eine der zentralen Eigenschaften, über die kommende Weltmächte definiert werden. Ökonomische Leistungsfähigkeit, ein wirkungsvoller Bildungs- und Forschungssektor, sowie politische Stabilität werden auch in der erwähnten Studie mit Werten um die 50 Prozent positiv gesehen, während Rohstoffreichtum und vor allem militärische Macht nur bei 24 beziehungsweise 21 Prozent liegen. Der Verlust, vor allem von militärischem Ansehen ist auch mit den amerikanischen Problemen zu erklären, etwa im Kampf gegen den Terror oder bei der Irak-Invasion.[66]

Aus diesen Erkenntnissen ergeben sich zahlreiche Kriterien, die heute den Status einer Weltmacht begründen und nach denen man auch die heutige und künftige Bedeutung des russischen Staates messen muss. Das ist in erster Linie seine herausragende Wirtschaftskraft, gekennzeichnet durch den Zugang zu Rohstoffen, der Produktivität des Binnenmarktes, einer Führungsposition im Welthandel und auf den globalen Finanzmärkten, sowie in der Fähigkeit zur Innovation und Kapitalbildung. Dazu kommt eine große Bevölkerungszahl mit hohem Bildungsniveau und eine dichte Infrastruktur. Die militärische Leistungsfähigkeit ist

---

66 https://www.rolfmuetzenich.de/publikation/macht-moderne-weltmacht

gekennzeichnet durch eine relative Unverwundbarkeit, die Fähigkeit zur Abschreckung sowie zur Projektion militärischer Stärke. Weiterhin ist ein attraktives Gesellschafts- und Wertesystem, sowie der Nachweis der Ordnungs- und Führungsfähigkeit im eigenen regionalen Umfeld von großer Bedeutung. Zu guter Letzt entscheidet ein handlungsfähiges System, mit der Fähigkeit zur Mobilisierung der Ressourcen für weltpolitische Ziele und der Überzeugungsfähigkeit zur Allianzbildung, sowie ein politischer Konsens über eine Weltordnungsidee und die Bereitschaft zum Engagement in internationalen Foren.

Die Staaten und internationalen Organisationen, die diesen Kriterien am besten entsprechen, werden künftig zu den Weltmächten zählen, aber auch abhängig davon sein, ob sie in Gegner- oder Partnerschaft zueinander agieren. Gegenwärtig führen die Vereinigten Staaten diese Rangliste allerdings immer noch an, da sie den meisten der genannten Kriterien (noch) entsprechen.

Doch wie müssen wir Mützenichs Einschätzung interpretieren? Im Grunde genommen denken wir an die Möglichkeiten, Einfluss auf das Weltgeschehen zu nehmen und die Weltordnung zu regeln. Schon seit dem Zweiten Weltkrieg dient die UNO, und in erster Linie deren Sicherheitsrat, diesen Zielen. Nach Artikel 24 der UN-Charta trägt der Sicherheitsrat der Vereinten Nationen in New York mit seinen für alle UN-Mitgliedsstaaten geltenden Beschlüssen die Hauptverantwortung für die „Wahrung des Weltfriedens und der internationalen Sicherheit". Wird eine Bedrohung der internationalen Sicherheit, ein Friedensbruch oder eine Angriffshandlung festgestellt, verfügt er über eine ganze Bandbreite an möglichen Reaktionen.[67]

---

67 https://www.rolfmuetzenich.de/publikation/macht-moderne-weltmacht

In der Regel fordert er die Konfliktparteien zunächst auf, sich friedlich zu einigen. Der Sicherheitsrat kann aber auch vermitteln, eigene Untersuchungen anstellen oder Bedingungen für eine Beilegung von Konflikten, z. B. mit einem Waffenstillstandsabkommen, ausarbeiten. Andere, in die Souveränität von Staaten eingreifende Maßnahmen sind beispielsweise nicht-militärische Sanktionen, wie z. B. eine Unterbrechung der Handels- und Verkehrswege oder Kommunikationsverbindungen, aber auch militärische Aktionen, Seeblockaden, Luftschläge oder die Entsendung von Beobachtern und sogar von Bodentruppen.[68]

Ein besonders wichtiges Instrument für die Einflussnahme auf das Weltgeschehen ist das Vetorecht der ständigen Mitglieder des Sicherheitsrates, obwohl das Wort „Veto" in der Charta der Vereinten Nationen nicht erwähnt wird. Der UN – Sicherheitsrat setzt sich aus fünf ständigen und zehn nicht – ständigen Mitgliedsländern zusammen. Der Artikel 27, Absatz 3 der Charta besagt aber: „Beschlüsse des Sicherheitsrats (...) bedürfen der Zustimmung von neun Mitgliedern, einschließlich sämtlicher ständigen Mitglieder (Großbritannien, Frankreich, Russland, China, USA)." Wenn ein ständiges Mitglied nicht zustimmt, kommt der Beschluss nicht zustande. Ständige Mitglieder können also nicht mit „Nein" stimmen, ohne die betreffende Resolution zu Fall zu bringen. Sie können sich jedoch enthalten, denn eine Enthaltung gilt nicht als Verweigerung der Zustimmung.[69]

Daraus ist ersichtlich, dass weitgehend nur die ständigen Mitglieder des UNO-Sicherheitsrates über ausreichende Rechte für die Ausübung großmachtähnlicher Pflichten und Interessen besitzen.

---

68 http://www.bpb.de/internationales/weltweit/vereinte-nationen/48583/
    sicherheitsrat
69 https://www.abipur.de/referate/stat/654052156.html

Daraus ergibt sich aber auch, dass die EU mit Frankreich und Großbritannien (allerdings nur bis zum Ende der Brexit-Verhandlungen) mit am Tisch des UNO-Sicherheitsrates sitzen und mitentscheiden.

In einer Studie der Berliner „Stiftung für Sicherheit und Politik" wird die gemeinsame Außen- und Sicherheitspolitik (GASP) der Europäischen Union besonders hervorgehoben. Von der Rüstungsmarktentwicklung über die Terrorismusbekämpfung bis hin zur Militärischen Planungs- und Führungsfähigkeit (MPCC) sei hier ein deutlicher Reformwille zu verzeichnen. Dies zeuge von einer Integrationsdynamik, die durch ein „Europa der verschiedenen Geschwindigkeiten" beschleunigt wird und über die altbekannte Symbolpolitik des „kleinsten gemeinsamen Nenners" hinausgehen soll. Diese Renaissance der „Gemeinsamen Sicherheits- und Außenpolitik (GASP)" erklärt sich durch eine Reihe von Ereignissen, meint die Projektleiterin dieser Stiftung, Annegret Bendiek. Zum einen sei der Krieg nach Jugoslawiens Zerfall nach Europa zurückgekehrt, nachdem Russland die Krim völkerrechtswidrig annektierte.

Dadurch würde die Erwartung für die Entwicklung einer effektiven europäischen Außen-, Sicherheits- und Verteidigungspolitik wachsen. Weitere Faktoren seien die zunehmende Unberechenbarkeit der USA, Großbritanniens Austritt aus der EU, Terrorismus, die Verwundbarkeit kritischer Infrastrukturen sowie die Migrationskrise.[70]

Genau in diesem Sinne zwingen die externen Ereignisse zu einer Einheitspolitik in diesen Fragen. „Die Europäische Union ist

---

70 https://www.swp-berlin.org/publikation/eu-gemeinsame-aussen-und-sicherheitspolitik/

– zusammen mit dem politischen, wirtschaftlichen und militärischen Gewicht ihrer Mitglieder gesehen – weit mehr als eine Regionalmacht", behauptet Rolf Mützenich in diesem Zusammenhang. Heute versucht Russland unter seinem Präsidenten Putin, dem EU-Beispiel der Integration zu folgen.[71]

---

71 https://www.rolfmuetzenich.de/publikation/macht-moderne-weltmacht

Kapitel 10

Russlands Aktivitäten im postsowjetischen Raum

Am 9. März 2017 schrieb der russische Experte des Moskau-er US-Carnegie Zentrums, Andrej Mowtschan: „Zwischen Brüssel und Moskau: unentschlossene Länder in der Einflusszone zwischen EU und Zollunion", dass „die russischen Wirtschafts-aussichten zumindest vage sind". Eine sehr bedrohliche Ein-schätzung, vor allem für den russischen Binnenmarkt mit mehr als 145 Mio. Menschen. Der durchschnittliche Verbrauch der Bevölkerung entspricht etwa dem chinesischen und macht nur 1/5 des EU-Niveaus aus. Die Bruttoinlandsproduktion ist um vier Mal höher als bei allen potenziellen Kandidaten für den Ein-tritt in die EU-Freihandelszone (DCFTA) zusammen. Das mo-derne Russland unter Putin versucht deshalb mit allen Mitteln, den Beitritt der postsowjetischen Staaten zum Freihandelsabkom-men DCFTA zu verhindern. Die EU empfindet diese Bestrebun-gen als Bedrohung für ihre Pläne und lehnt deshalb Russland als potenziellen Partner ab. Doch es wäre auch möglich, dass weitere kleinere Nachbarn Russlands aufgrund der bisherigen russischen regionalen Überlegenheit zur Europäischen Union kommen. Das offensichtliche Desinteresse der EU an einer Integration Russ-lands führte schließlich im Jahr 2010 zu einer Zollunion zwi-schen Russland, Kasachstan und Weißrussland, die dann 2015 den Namen „Eurasische Wirtschaftsgemeinschaft (EAWG)" er-hielt. Russland betrachtet diese Vereinigung, zu der heute auch Kirgisien und Armenien gehört, für die postsowjetischen Länder als eine Alternative zur Europäischen Union.[72] Der Mitteldeutsche Rundfunk (MDR) veröffentlichte am 24.08.2018 anlässlich der Gründung dieser Zollgemeinschaft einen Beitrag ihres Gastautoren Viktor Timtschenko. Er bestätigte die Eurasische Wirtschaftsunion auf dem Gebiet der ehemaligen Sowjetunion als ein Gegenstück zur EU. Präsident Putin spricht von „einem historischen Meilenstein für alle Staaten im postsowjetischen Raum", weil die Integration dieser Länder ähnliche Ziele verfolgt, wie die Vorgängerin der EU, nämlich die Europäische Wirtschaftsgemeinschaft mit Belgien, den Niederlanden, Luxemburg, der Bundesrepublik Deutschland, Italien und Frankreich, die ihrerseits aus der Montanunion entstanden. Wie 1957, geht es auch heute bei der EAWG oder EAWU in erster Linie um den Abbau der Handelsschranken und die Schaffung eines gemeinsamen Marktes. Auch hier ging Ihrer Entstehung ein langer Prozess der Annäherung der Länder voraus. Das Konstrukt der Gemeinschaft unabhängiger Staaten (GUS-1991) entstand eher als Reaktion auf das, durch die vergangene Sowjetunion entstandene Vakuum. 1996 wurde dann die Vertiefung der wirtschaftlichen Integration zwischen mehreren Ländern der ehemaligen Sowjetunion vereinbart. Der fünf Jahre später gebildeten „Eurasischen Wirtschaftsgemeinschaft" mit Weißrussland, Kasachstan, Kirgisien, Russland und Tadschikistan folgte einige Jahre darauf dann die Zollunion. Als Ideengeber gilt hier der kasachische Präsident Nursultan Nasarbajew. Ziele sind ein gemeinsamer Markt mit gleichen Zolltarifen und entsprechenden günstigen Bedingungen für das Unternehmertum, eines besserem Investitionsklimas und einem einheitlichen Transportsystem sowie einer abgestimmten Industrie-, Energie- und Agrarpolitik.

---

72 https://carnegie.ru/2017/03/09/ru-pub-68201

Eurases-Tagung

Foto: Archiv Nesawissimaja Gaseta

Wladimir Putin nannte diesen gemeinsamen Wirtschaftsraum „einen historischen Meilenstein" – nicht nur für die Gründungsländer der Wirtschaftsunion- sondern für alle Staaten im postsowjetischen Raum". Seiner Meinung nach spiele die „EAWG" als ein Pol der modernen Welt die Rolle eines Bindeglieds zwischen Europa und der dynamischen Asiatisch-Pazifischen Region.

Sie basiere auf „universellen Prinzipien der Integration als integralen Bestandteil des größeren Europa, vereint durch gemeinsame Werte der Freiheit, der Demokratie und der Marktgesetze".[73]

---

73 https://www.mdr.de/heute-im-osten/eurasische_wirtschaftsunion100.html

Die Expertin der Berliner Stiftung „Wissenschaft und Politik",
Alexandra Polownikow, würdigte in ihrem Pressebeitrag „Die
Zollunion zwischen Belarus, Kasachstan und Russland – Mo-
tive, Entwicklungen und Perspektiven"[74] besonders, das Wladimir Putin zwanzig Jahre nach dem Zerfall der Sowjetunion die
wirtschaftliche und politische Integration der GUS-Staaten zu
einer Eurasischen Union als zentrales Ziel der russischen Politik
ansieht und entsprechend unterstützt. Sie ging davon aus, dass
nach Putins Auffassungen der Weg dahin in kleinen Schritten
erfolgt, die bereits jetzt Gestalt annehmen. Das war die Etablierung einer funktionsfähigen Zollunion zwischen Belarus, Kasachstan und Russland im Jahre 2010 sowie der nahtlose Über-
gang in einen einheitlichen Wirtschaftsraum, und ab 2015 die
Entwicklung zur „Eurasischen Wirtschaftsunion", letztendlich
zur „Eurasischen Union". Aspekte, die aber laut Putin keinesfalls
als Versuch anzusehen sind, die alte Sowjetunion wieder aufleben
zu lassen.

Die Autorin ist der Meinung, dass die Integrationsbemühungen
der russischen Regierung die Zeichen der Zeit widerspiegeln.
Auch die gemeinsame Freihandelszone der GUS-Staaten zählt
zu den Bestrebungen, eine breite wirtschaftliche Zusammenarbeit im postsowjetischen Raum voranzutreiben. Experten der
„Strategie 2020" – einem Zusammenschluss aus 21 thematischen
Arbeitsgruppen, die derzeit ein Wachstumsmodell zur Verbesserung der Lebensqualität für die russische Gesellschaft ausarbeiten, sprechen Russland eine zentrale Stellung und Bedeutung bei
der Integration der ehemaligen Sowjetstaaten zu.

---

74   https://www.swp-ber-lin.org/fileadmin/contents/products/arbeitspapie-
      re/arbpap_FG5_polownikow_zollunion.pdf

Offensichtlich versteht die Autorin den Politiker Putin, wenn sie schreibt, dass das Durchsetzen der strategischen Interessen und die Stärkung der Rolle in der Weltwirtschaft bis 2020 eine wirtschaftliche Integration auf verschiedenen Ebenen unabdingbar macht. Die Europäische Union (EU) fungiere dabei offensichtlich „als Vorbild, aus deren Fehlern gelernt werden kann und deren Stärken und Schwächen beim eigenen Vorgehen in Betracht gezogen werden sollen." Dabei ist die wirtschaftliche Integration im postsowjetischen Raum keinesfalls ein neues Phänomen. Bereits im Jahre 1993 gab es die ersten Bemühungen der damals zwölf Mitglieder der GUS zur Schaffung einer Wirtschaftsunion. Ihre übergeordneten Ziele bestanden schon damals in der Einrichtung einer multilateralen Freihandelszone, einer Zoll- und Währungsunion sowie einem gemeinsamen Markt. Nach der Unterzeichnung des Rahmenabkommens zur Wirtschaftsunion am 23. September 1993 kam es damals jedoch sehr schnell zu Problemen mit einzelnen Verträgen. So konnten sich die beteiligten Staaten nicht auf eine gemeinsame Liste über die aus den Freihandelsvereinbarungen ausgeschlossen Güter einigen. Stattdessen kam es zu bilateralen Verträgen, die anschließend jedoch mehr oder weniger unterlaufen werden konnten. Eine Zollunion wurde dementsprechend nicht vereinbart. Russland ratifizierte damals weder den Rahmenvertrag noch die wichtigen Einzelabkommen.

Erneute Integrationsversuche gab es im Jahre 1995 mit dem Beschluss einer Zollunion zwischen Weißrussland, Kasachstan und Russland, die um ein Abkommen zur Schaffung eines einheitlichen Wirtschaftsraumes dieser Staaten mit Kirgistan am 26. Februar 1999 ergänzt wurden. Mit dem Ziel, die teilweise brach liegenden internationalen Wirtschaftsverträge wieder mit Leben zu erfüllen, wurde deshalb am 10. Oktober 2000 die „Eurasische Wirtschaftsgemeinschaft (EAWG)" für eine „ausgeglichene

Wirtschaftsentwicklung" der Mitgliedsstaaten gebildet. Trotz oder gerade wegen dieser ambitionierten Zielsetzung stellte sich die Angleichung der unterschiedlichen wirtschaftspolitischen Bestimmungen als äußerst schwierig heraus. Ein weiterer Versuch wirtschaftlicher Teilintegration innerhalb der Strukturen der EAWG wurde dann im Frühjahr 2003 das Abkommen mit den Ländern Weißrussland, Kasachstans, Russlands und der Ukraine zur Gründung eines einheitlichen Wirtschaftsraumes. Aber auch dieses Vorhaben konnte nicht umgesetzt werden, da die Ukraine die letzten Schritte zur Etablierung supranationaler Strukturen ablehnte, ja selbst die Ausarbeitung von Einzelabkommen zu keinem klaren Ergebnis führte. Bereits 2006 schied die Ukraine endgültig aus den Verhandlungen aus. Es ist deshalb wenig überraschend, dass – betrachtet man diese gescheiterten Integrationsbemühungen innerhalb der EAWG – immer noch Forderungen nach Reformen oder gar der totalen Abschaffung der Institution laut werden.

Für einen Nutzen der EAWG spricht jedoch in jüngster Zeit die damalige Gründung der Zollunion zwischen Weißrussland, Kasachstan und Russland am 6. Oktober 2007. Abermals bestand hier das Ziel in der Schaffung eines gemeinsamen Zollgebietes, in dem keine Import- oder Exportzölle und andere Einschränkungen zwischen den Mitgliedsstaaten erhoben werden. Dieser Schritt zog die Einführung eines einheitlichen Zollkodexes, die Harmonisierung von Einfuhrbestimmungen und Tarifen, sowie die Verlegung der Zollkontrollen an die Außengrenzen des gesamten Gebietes nach sich. Höchstes Organ der Zollunion wurde der „Zwischenstaatliche Rat" auf Ebene der Staats- und Regierungschefs, die in enger Abstimmung strategische Entscheidungen für die Entwicklung der Zollunion treffen sollten. Eine Kommission fungierte als ständiges Gremium der Zollunion, deren drei Mitglieder jeweils aus einem Mitgliedsland entsandt wurden, die die Umsetzung der zwischenstaatlichen Vereinbarungen sowie ihre Funktionsfähigkeit überwachten.

Die Entscheidungen dazu erfolgten mit einer 2/3-Mehrheit, wobei Russland über 57 Prozent und Weißrussland sowie Kasachstan jeweils über 21,5 Prozent der Stimmen verfügten. Das bedeutete de facto ein russisches Veto-Recht. Doch zwischen 2007 und 2009 geschah bei der Umsetzung der Beschlüsse zunächst nur wenig. Erst seit dem 27. November 2009 ging es dann besser voran, als der einheitliche Zollkodex unterschrieben wurde und die Kommission dann am 1. Januar 2010 ihre Arbeit aufnahm. Am 1. Juli trat der gemeinsame Zollkodex in Kasachstan und Russland und am 6. Juli in Belarus in Kraft. Auf dem EAWG-Gipfel am 14. Mai 2018 in Sotschi erhielt Moldau den Status eines Beobachters. Ungeachtet zahlreicher Probleme spricht diese Tatsache dafür, dass der EAWG auch weiterhin eine gewisse Attraktivität für die postsowjetischen Republiken zugebilligt werden darf.[75]

Die problemreichen Versuche einer Wirtschaftsintegration unter der Führung Russlands wurden vor allem im Westen mit großem Misstrauen betrachtet. So schrieb Silvia Stöber (tagesschau. de), „dass es über diese geplante Union unterschiedliche Vorstellungen gibt". Ende 2012 sprach die damalige US-Außenministerin Hillary Clinton in Dublin sogar von dem Versuch einer Resowjetisierung der Region. Auch wenn der Name ein anderer sei, so „kennen wir doch das Ziel und wir suchen nach effektiven Wegen, diese Entwicklung zu verlangsamen oder zu verhindern".[76]

---

75 https://www.rbc.ru/politics/14/05/2018/5af999999a7947bb7f52 8c9c
76 https://www.tagesschau.de/ausland/eurasische-union100.html

Doch es drängen sich auch Fragen auf. Verschafft eine solche Integration für andere Teilnehmer, außer für Russland, Vorteile und warum eine solche Integration auf dem postsowjetischen Raum so schleppend verläuft? Nach Meinung des kasachischen Präsidenten Nursultan Nasyrbaew ist die EAWG ein reines Wirtschaftsprojekt, und es geht dabei nicht um die Reinkarnation der Sowjetunion. Nach seiner Auffassung bringt das Volumen der nationalen Wirtschaften der EAWG mit einer Bevölkerung von 182 Mio. Menschen und das 2,2 Billionen USD übersteigt, große Vorteile für alle Beteiligten. So z. B. für die erhebliche Senkung der Transportkosten, die Beschleunigung des Güterverkehrs für die Unternehmen und die Produktion der Partnerunternehmen, die so wettbewerbsfähig werden.[77]

Der weißrussische Präsident Alexander Lukaschenko meint dagegen, dass die EAWG eine Wirtschaftsunion wird und für die störenden politischen Probleme unbedingt Lösungen gefunden werden müssten. „Man sollte sich deshalb nicht nur auf eine Wirtschaftszusammenarbeit beschränken, weil sie immer auch zusätzliche Handlungen in Politik, Diplomatie und in der Verteidigung erfordere".[78]

Die Ukrainerin Natalia Vitrenko, Sprecherin der progressiven „Sozialistischen Partei der Ukraine" und der „Euroasiatischen Volksallianz" schrieb in einem Beitrag zur Schiller-Institutskonferenz am 26.11.2017, „dass es eine einzigartige Chance wäre, das Land zu retten, wenn sie der Zollunion mit Russland, Weißrussland und Kasachstan und der neuen Eurasischen Union oder Gemeinschaft

77 https://mir24.tv/news/16285547/nazarbaev-o-eaes-nikakoi-reinkarnacii-
    sssr-net-i-ne-budet
78 http://russianskz.info/society/4647-lukashenko-evraziyskiy-soyuz-ne-
    mozhet-byt-tolko-ekonomicheskim.html

beiträten. Gerade für die Führungen dieser drei Länder sei der gemeinsame Markt objektive Notwendigkeit, um produktive Kapazitäten zu vereinigen. Ohne ihn hätte sich der Kampf um die Ressourcen vom Nahen zum Fernen Osten verlagert, das gesamte Eurasien betreffend. In diesem Gebiet seien die Länder durch eine gemeinsame Kultur vereint." Weiter heißt es in ihrem Beitrag, „dass die Integration mit Russland der Ausweg für die Ukraine, Weißrussland und Kasachstan ist. Weißrussland hätte sich organisch in diese Richtung bewegt, während die sogenannte Unabhängigkeit der Ukraine all die Jahre von Washington und Brüssel gesteuert wurde und die ukrainische Regierung daran hinderte, sich für die Integration zu entscheiden. Die einzige Politik, die vom wirtschaftlichen und zivilisatorischen Standpunkt Sinn machen würde, wäre der Zollunion und dem einheitlichen Wirtschaftsraum mit Russland, Weißrussland und Kasachstan beizutreten."

Die Autorin kritisiert aber auch die Führung der Ukraine unter Poroschenko und schreibt, dass „im Gegenteil, die ukrainischen Behörden eine Politik der Eurointegration, einer Freihandelszone mit der EU und eines Nato-Beitritts angekündigt haben. Für die Ukraine – für unsere Wirtschaft, Wissenschaft, Kultur und politische Stabilität – ist dies eine Sackgasse und eine ruinöse Perspektive. Nach Erkenntnissen des „Nationalen Vorhersageinstituts" der „Ukrainischen Akademie der Wissenschaften" würde eine Freihandelszone mit der EU zu einem Rückgang des ukrainischen BIP führen, da unsere einheimische Produktion aus den Märkten gedrängt würde".

Doch sie sieht noch weitere Probleme einer EU-Integration. So betragen die ukrainischen Energiekosten pro Einheit BIP das Vierfache des EU-Durchschnitts, so dass ukrainische Betriebe unter diesen Bedingungen einfach Bankrott gingen. Die Ukraine hätte nach einem EU-Beitritt mehr Probleme als Zypern, Griechenland, Spanien, Italien oder Portugal heute. Wenn die Ukraine jedoch der Eurasischen Zollunion beiträte, würde sich ihr Bruttoinlandsprodukt um etwa 1,5-6 Prozent erhöhen, wie es Präsident Putin seinerzeit Janukowitsch mitteilte. Das „Institut für Wirtschaftsprognosen der Russischen Akademie der Wissenschaften" berechnete sogar, dass die ukrainische Wirtschaft nach einem Beitritt zur Zollunion einen Gewinn von 7 Mrd. USD jährlich erzielen werde und ihre Exporte um 60 oder 9 Mrd. USD jährlich steigen würden.

Das „Komitee für Fragen der Wirtschaftszusammenarbeit" zwischen der Ukraine und Russland hat mit dem Ausgangsjahr 2008 umfangreiche Input-Output-Berechnungen angestellt, um die direkten und indirekten Auswirkungen eines solchen gemeinsamen Wirkens zu bewerten. Im Ergebnis würde die Industrieproduktion und besonders der Maschinenbau zulegen, der früher 31 Prozent des ukrainischen BIP ausmachte. Der Anschluss an Russland und die anderen Länder würde einen Auftragsanstieg für die gesamte Industrie bedeuten.

Natalija Witrenko erinnerte in diesem Zusammenhang an eine Konferenz über die ukrainischen Perspektiven einer eurasischen Integration im Jahre 2011, auf der der damalige Sekretär der Zollunion, Sergej Glasjew, sagte, „dass die ukrainischen Bestrebungen der EU beizutreten, das BIP-Wachstum schwer beeinträchtigen, die Wirtschaftsstruktur schädigen und so das Land zu einem Pool der Billigarbeit verkommen würde". Seine wirtschaftliche Souveränität ginge verloren. Laut Glasjew wäre der Beitritt zum eurasischen Wirtschaftsraum „ökonomisch vorteilhaft und würde das BIP in den nächsten 10 Jahren um 200 Mrd. USD ansteigen lassen und (somit) die ukrainische Wirtschaft wettbewerbsfähiger machen. Ein Beitritt zur Zollunion würde die Souveränität ihrer Mitgliedsländer nicht verletzen".

Die Autorin hob besonders hervor, „dass ein Beitritt der Ukraine zur Zollunion und später der Eurasischen Union, dem Land Zugang zu umfangreichen Investitionsressourcen für große Infrastrukturprojekte eröffnete. Es gäbe keinen anderen Weg, die Ukraine in die von Russland und anderen postsowjetischen Ländern geschaffene „Eurasische Union" zu integrieren, als die einzige Möglichkeit, ihre Eigenstaatlichkeit zu bewahren, ihre Volkswirtschaft auf ein qualitativ neues Niveau zu heben, den zivilisatorischen Weg des Volkes zu erhalten und das Land vor Destabilisierung, einem faschistischen Umsturz und einem Bürgerkrieg zu bewahren".[79]

Doch leider zwangen die politischen Ereignisse 2014, die Ukraine, einen anderen Weg zu gehen. Der bereits zitierte Autor Mowtschan meinte zu dieser Problematik, dass die Unterschiede zwischen der EU und der Zollunion sich in erster Linie durch offensichtliche Größe und engeren Fokus unterscheiden. Aber als Autor dieses Buches erscheint es mir wichtig, die EU in erster Linie als eine bewährte politische Vereinigung mit einer Reihe gut konzipierter legislativer Paradigmen zur Regulierung einzuschätzen. Mowtschan schrieb, „dass Russland die Zollunion als politische Union sehen wollte, aber dass es dort noch keine politische Verwaltungsmacht, keine ideologische Basis und keine gemeinsamen Regeln gibt." Er meint, dass die russische Führung versuche, durch Kombinationen von Verführung und Zwang neue Mitglieder zu gewinnen. Das dürfte z. B. im Fall Weißrussland zutreffen, wo die Energieabhängigkeit eine gewisse Rolle spielt.

---

79 https://schillerinstitute.com/de/media/natalia-witrenko-eurasische-integration-als-uberlebenschance-in-der-globalen-wirtschaftskrise/

Die oben erwähnte Expertin sieht das langfristige Projekt einer „Eurasischen Union" aber auch vor allem von nationalen Interessen und Ressentiments begleitet. Während der belarussische Präsident Lukaschenko große Begeisterung für die postsowjetische Integration zeigt, sobald außenpolitische Alternativen fehlen, schätzt der damalige kasachische Staatschef Nasarbajev die Funktionalität einer wirtschaftlichen Integration, möglichst ohne Einschränkung der eigenen Souveränität. Die von den Regierungschefs der Mitgliedsländer der Zollunion am 9. Dezember 2010 beschlossene Etablierung eines einheitlichen Wirtschaftsraumes hatte in erster Linie eine Vertiefung der zwischenstaatlichen Integration und Kooperation zum Inhalt. Die angenommenen achtzehn Dokumente beziehen sich auf die Bereiche Wirtschaftspolitik, den freien Kapitalverkehr und die Finanzpolitik, die Energiewirtschaft, den Transport und die Freizügigkeit der Arbeitskräfte und ihre Regulierung bis Ende des Jahres 2012. Die bisherigen unterschiedlichen Auffassungen konnten den Integrationsprozess bislang jedoch nicht aufhalten und werden dies auch nicht tun, solange die Motivation für den Zusammenschluss und der politische Wille der Länderregierungen erhalten bleiben.[80]

Es scheint so, dass Putin diese Motivationen der postsowjetischen Staaten durchaus verstünde und so versucht er, seine eigenen Integrationsbestrebungen der EU allmählich anzupassen. Am 04.11.2011 veröffentlichte die Zeitung „Iswestija" seinen Artikel über einen einheitlichen Wirtschaftsraum der postsowjetischen Staaten. Nach Meinung Putins „sei die Zeit gekommen, um ernsthaft die partnerschaftlichen Prinzipen der GUS oder anderer regionaler Organisationen zu modernisieren." Er schlug damals vor, sich auf die Entwicklung der Handels-Produktion Verbindungen

---

80 https://www.swp-ber-lin.org/fileadmin/contents/products/arbeitspapiere/arbpap_FG5_polownikow_zollunion.pdf

Russlands zu den Nachbarn zu konzentrieren, und nannte dabei die Makroökonomie, die Einhaltung der Wettbewerbsregeln und technischen Vorschriften, landwirtschaftliche Subventionen, Transport und Monopoltarife. Weitere Schritte sah er in einer einheitlichen Visa- und Migrationspolitik, die erlauben würde, die Grenzkontrollen innerhalb des Eurasischen Raumes zu beseitigen.[81]

Anfang 2018 wies Putin anlässlich des Vorsitzes Russlands der EAWG auf das Integrationsprojekt besonders hin. Er rief dazu auf, vor allem ehrgeizige Aufgaben zu stellen und neue Bereiche der Zusammenarbeit zu suchen. So geht es nach Putins Worten um die Annäherung der Währungen und der Finanz- und Kreditpolitik der Mitgliedsländer und die Gründung eines gemeinsamen Binnen-Finanzmarktes, aber auch um das Zusammenwirken in den Bereichen Atomenergie, erneuerbare Energiequellen, Ökologie, Medizin, Weltraum, Tourismus und Sport. Als Schlüsselbereich für die weitere Entwicklung nannte Putin die Zusammenarbeit mit den anderen Staaten und Integrationsvereinigungen. Dabei geht es beispielsweise um die Gründung von Freihandelszonen mit solchen Staaten, wie Ägypten, Israel, Indien, Iran, Serbien und Singapur. Eine besondere Bedeutung sieht Putin in der Zusammenarbeit mit China. Eine Freihandelszone mit Vietnam funktioniert bereits seit dem Jahre 2016.[82]

Am allerwichtigsten unter den Vorhaben zeigt sich die Konsolidierung des Finanzbereiches und die Ausdehnung der Zusammenarbeit mit den anderen Staaten der Welt. Angesichts der US-Finanzsanktionen ist die Realisierung dieser Ziele deshalb heute weitgehend als Abwehr der Sanktionen zu betrachten.[83]

---

81 https://snob.ru/selected/entry/41599
82 http://kremlin.ru/events/president/news/5666
83 https://www.swp-ber-lin.org/fileadmin/contents/products/arbeitspapie-re/arbpap_FG5_polownikow_zollunion.pdf

Kapitel 11

Militärische Stütze im eurasischen Raum

Aufgrund der besonderen geografischen Lage musste Russland in der Geschichte zu allen Zeiten seine Grenzen nach außen hin schützen, um Macht und Einfluss zu erhalten. Dafür sorgte das Land Im Osten und im Westen zu seiner Sicherheit für Pufferzonen, und noch heute dienen die ehemaligen Sowjetrepubliken de facto gewissermaßen als Schutzwall.

Daher ist es kein Zufall, dass immer noch die eng mit Russland verbundenen Länder den beiden in der Putin-Ära geschaffenen großen Integrationsblöcken – der „Eurasischen Wirtschaftsunion" oder „Wirtschaftsgemeinschaft (EAWU bzw. EAWG)" und der „Organisation für kollektive Sicherheit (OVKS)" ihres militärischen Pendants, angehören. Besonders durch ihre eurasischen Eigenheiten – wie eine relativ autarke Führung des Staates in Politik und Wirtschaft und seine antidemokratischen Beschränkungen – verbinden sie viele Gemeinsamkeiten. Sie meint aber auch ihr Misstrauen gegenüber dem Westen, der andere Auffassungen zu den demokratischen Grund- und Menschenrechten vertritt. Das kommentiert auch Eugene Chausovsky, einer der Experten der „US-Strategic Forecasting Inc". unter der Überschrift „Putin's Russia Embraces a Eurasien Identity" in der Zeitschrift „Stratfor" vom 7. Januar 2019. Interessanterweise ist in diesem Zusammenhang anzumerken, dass dieser amerikanische Informationsdienst mit seinen Analysen, Berichten und Zukunftprojektionen oft als Schatten des CIA bezeichnet wird.[84]

---

84 https://worldview.stratfor.com/article/putins-russia-embraces-eurasian-identity

Für Russland wäre es ideal, wenn alle ehemaligen Sowjetrepubliken Mitglieder der „Eurasischen Union" würden, denn einige Länder, wie z. B. Aserbaidschan, Usbekistan und Turkmenistan verhalten sich gegenwärtig neutral, während die baltischen Staaten und zuletzt auch die Ukraine den prowestlichen Weg eingeschlagen haben. Doch trotz dieser nachbarlichen Schwierigkeiten bemüht sich Russland nach wie vor, seine ehemaligen sowjetischen Partnerländer wieder als Verbündete zu gewinnen oder ihre Neutralität zum eigenen Nutzen zu unterstützen. Ihr politischer Einfluss im postsowjetischen Raum ist sein Bestehen heute und morgen weiterhin lebensnotwendig. Sollten diese Bemühungen scheitern, besteht die große Gefahr, dass Russland seine Integrationsbemühungen mit dem Westen zu torpedieren versucht, um die eigene Existenz zu sichern. Die aktuellen Absichten der Vereinigten Staaten und ihrer Verbündeten in der EU und der NATO, diesen politischen Einfluss auf die russischen Nachbarländer zu verhindern, werden so zu einem Schlüsselproblem für die Konfrontation Moskaus mit dem Westen – auf längere Zeit.

Vom „Stratfor-Standpunkt" aus beschränkt sich das außenpolitische Konzept des „Eurasianismus" allerdings nicht nur auf die Russland unmittelbar umgebenden Territorien, sondern umfasst alle Staaten, die sich nach russischer Auffassung gegen westliche liberale Werte und ihre auf Intervention zielende Politik orientieren, und dem sich selbst nichtliberale europäische Länder anschließen. Ein solches Beispiel dafür ist Ungarn, dessen Regierung Russland unterstützt, in dem es gegen die antirussischen Sanktionen der Europäischen Union auftritt. Gemeinsame Nenner sind hier die russischen Bestrebungen, mit Ländern zusammenzuarbeiten, die die USA – Weltordnung mit den von ihr dominierten verbündeten Blöcken der NATO und der Europäischen Union zumindest kritisch sehen. Die absolute Selbstständigkeit der EU in der Weltpolitik – ohne amerikanischen Einfluss – ist für Russland deshalb erstrebenswertes Ziel! Gerade in diesem Zusammenhang gewinnt die Stratfor-Feststellung, dass Moskau unter Putin weitere wirtschaftliche und militärische Partnerschaften suche, zunehmend an Bedeutung. Ziel sei hier nicht nur die Veränderung der Beziehungen zum Westen, sondern auch die Stärkung der Position auf der internationalen Bühne als Gegengewicht, vor allem zu den USA.

Die 1994 als militärische Vereinigung der postsowjetischen Staaten in Kraft getretene „Organisation des Vertrages über kollektive Sicherheit (OVKS)" wurde bereits am 15. Mai 1992 als Taschkent – Pakt in der Ära Jelzins geboren. Ihr erste Aufgabe bestand darin, territoriale Integrität, regionalen Frieden und vor allem auch den Schutz der Außengrenzen zu garantieren. Angesichts der damaligen bewaffneten Konflikte auf dem Gebiet der ehemaligen UdSSR war die Verwirklichung dieser Vorstellungen für die beteiligten Länder Usbekistan, Armenien, Kasachstan, Kirgisien und Tadschikistan lebensnotwendig, Für fast alle der fünfzehn unabhängigen Staaten auf dem Territorium der Ex-UdSSR führte gerade die innerpolitische Instabilität und der bis dahin mangelhafte Schutz der Außengrenzen oft unter Teilnahme von ausländischen Kräften zu bewaffneten Konflikten. Dazu fehlten den Streitkräften militärische Geräte, Ersatzteile für die noch zum Teil vorhandenen sowjetischen Waffen und eigene Ausbildungsmöglichkeiten, da nur noch wenige Zentren der einstigen sowjetischen Verteidigungsindustrie existierten. Schon deshalb wurde ein militärpolitisches Bündnis mit einer gemeinsamen Infrastruktur, Ausrüstung und Kaderausbildung mit Russland und seiner vorteilhaften geostrategische Lage, seinem wirtschaftlichen

Potenzial und seiner internationalen Bedeutung für alle Beteiligten lebensnotwendig.

Scharbatullo Sodikow, wissenschaftlicher Mitarbeiter des „Analytischen Zentrums der russischen Hochschule für internationale Beziehungen (MGIMO)" bezeichnete am 18. März 2014 in einem Beitrag die OVKS als Garant der Integrität in Zentralasien. Zurückblickend herrschte noch im Jahre 1992 in Tadschikistan – einem der Gründungsinitiatoren und Grenzstaat Usbekistans – zwischen den Anhängern und Gegnern der Sharia ein blutiger Bürgerkrieg. Besonders die ehemaligen usbekischen kommunistischen Führer befürchteten damals, dass sich solche Auseinandersetzungen auch auf ihr Territorium ausbreiten könnten und sie allein nicht in der Lage wären, den moslemischen Rebellen Widerstand zu leisten.[85]

Diese komplizierte Situation und die früheren sehr engen militärischen Kontakte zu den heutigen Nachbarstaaten nutzte Russland vor allem für eigene Vorhaben und sein weiteres Zusammenwirken im militärisch-technischen Bereich. Der damals ursprünglich für fünf Jahre vorgesehene Vertrag wurde schließlich durch die Präsidenten von Russland, Weißrussland, Kasachstan, Kirgisien, Armenien und Tadschikistan verlängert und bereits unter Putin am 7. Oktober 2002 durch den Beschluss der Teilnehmer-Staaten in eine vollwertige „Internationale Vereinigung" umgewandelt, die dann am 2. Dezember 2004 von der UNO-Generalversammlung ihren heutigen Beobachtungsstatus zugesprochen bekam. Dazu kommentierte Margarete Klein in „Russlands Militärpolitik im postsowjetischen Raum" für eine SWP-Studie im August 2018, „das der postsowjetische Raum bis heute im Zentrum des ungelösten Konflikts um die

---

85 https://mgimo.ru/about/news/experts

Ausgestaltung der europäischen Sicherheitsordnung steht. Zugleich machte sich hier die gestiegene Bedeutung militärischer Mittel im außenpolitischen Instrumentarium Russlands am stärksten bemerkbar".[86] Unter dem Etikett „Friedenssicherung" setzte Moskau seine Streitkräfte bereits in den 1990er Jahren in Moldawien (1992), Georgien (1992-1994) und Tadschikistan (1992) in begrenzten Operationen ein. Dagegen erwiesen sich Versuche, einseitige Abhängigkeiten über bi- und multilaterale Kooperation zugunsten Moskaus zu schaffen, als nur bedingt nutzbringend. Bis auf Georgien, Moldawien und die Ukraine (bis 2014) arbeiten die meisten postsowjetischen Länder mit Russland im Rüstungs- und militärischen Ausbildungsbereich und gemeinsamen Kriegsübungen zusammen. Doch ein angestrebtes hegemoniales Moskauer Kooperationsmodell konnte sich nur mit den auch auf militärischen Schutz angewiesenen Staaten entwickeln, denen andere alternative Partner fehlten. Das betraf zum Beispiel die Separatistengebiete Abchasien, Südossetien und Transnistrien sowie Armenien, Tadschikistan und zum Teil auch Kirgistan. Selbst der Versuch, über eine mögliche Militärallianz des Vertrages „Kollektive Sicherheit (OVKS)" den eigenen Führungsanspruch durchzusetzen, zeitigte nur geringen Erfolg. Wie im wirtschaftlichen und im politischen, beweist sich auch hier im militärischen Bereich, dass Russlands Ansprüche auf eine uneingeschränkte eigene Einflusszone durch die Realitäten doch sehr eingeschränkt werden.

In einer Analyse des Kenners des eurasischen Raums, Stephen Aris, aus dem „Center for Security Studies" von EHT Zürich heißt es, dass Moskau auf das Funktionieren des „OVKS-Vertrages"

---

86 https://www.swp-berlin.org/fileadmin/contents/products/studien/ 2018S19_kle.pdf

hoffte, der inhaltsgemäß eine politische Einheit ihrer Mitglieder festschreibt. Dabei spielte Russland die Rolle des wichtigsten militärischen Gönners anderen Mitglieder, was seinen Vorrang als Sicherheitsgarant für diese Staaten und den – vor allem – postsowjetischen Raum sicherstellen soll. Nachdem die Vereinbarung diesen Zwecken nur in einem gewissen Maße erfolgreich dient, fragen viele Beobachter nach größerem Nutzen und letztendlich nach dessen Zukunft.

Der frühere OVKS-Generalsekretär und langjährige Kreml-Insider Nikolaj Bordjusha widersprach jedoch einem Artikel auf „versiya.ru", in dem die künftige Existenz der Organisation angezweifelt wurde. Dieser Analyse entgegenzutreten, zeige die Kluft zwischen der von den OVKS offiziell behaupteten wachsenden Bedeutung für die Sicherheit in der Region einerseits und den wiederholt gestellten zweifelnden Fragen der Analytiker.

Die jedoch seit dem Entstehen der OVKS permanent auftretenden Probleme könnten sich sehr wohl zuspitzen, da die Aufmerksamkeit – und noch wichtiger die Finanzen – Moskaus bald andere politische und militärische Prioritäten haben könnten, etwa als Ausgaben für den Bombeneinsatz in Syrien oder für die Wiedererrichtung von Militärbasen fern von Russland. Darüber hinaus sorgten gerade Ereignisse der letzten Zeit unter den OVKS-Mitgliedern erneut für politische Differenzen und ernsthafte Überlegungen über entsprechend erforderliche Alternativen.

Die Vormachtstellung gegenüber den anderen Mitgliedsstaaten und seine Position als Gravitätszentrum wird jedoch nach wie vor sowohl als Bindemittel einerseits, als auch als Quelle wechselnder Auseinandersetzungen andererseits angesehen. Das jeweilige Verhältnis zu Russland ist für die einzelnen Mitgliedsstaaten entscheidend, während die eigentlich gleichfalls notwendige

Zusammenarbeit untereinander nur als zweitrangig angesehen wird oder schlichtweg nicht stattfindet, Maßgeblicher Nutzen für die Mitgliederstaaten bieten jedoch die Möglichkeiten, russische Waffen und militärische Ausrüstungen unter Marktwert kaufen zu können. Sie sind Rückgrat der gesamten multilateralen Struktur und die einzigen tatsächlich bedeutsamen Beziehungen innerhalb des Vertrages. Doch der Kreml erwartet trotz seiner Vormachtstellung auch eigene Beiträge der Mitgliedsländer zur Bewältigung der Sicherheitsaufgaben. Doch auch hier scheint Russland selbst als Barriere zu wirken.

Das zeigte sich unter anderem z. B. im mangelnden Engagement bei der lange diskutierten Ernennung eines neuen Generalsekretärs. Die Entscheidung über die Ablösung des langjährigen Generalsekretär Nikolaj Bordjusha auf dem jährlichen Gipfeltreffen der OVKS im Oktober 2016 wurde aufgrund fehlender Übereinkommen über die Herkunft des künftigen Vorsitzenden wiederholt verschoben, bevor dann Generaloberst Yurij Kchatschaturov – ehemaliger Sekretär des „Rates der nationalen Sicherheit der Republik Armenien" – am 14. April 2017 – ernannt wurde. Doch auch er verlor diesen Posten, da er nach dem Machtantritts des Oppositionsführer Levon Ter-Petrosyan versucht haben soll, die Verfassungsordnung Armeniens zu stürzen. Seinem Stellvertreter Walerij Semerikowsoll folgte dann auf Vorschlag des weißrussischen Präsidenten Alexander Lukaschenko der Staatssekretär des Sicherheitsrates Weißrussland, Stanislaw Sas.

Der schweizerische Experte Stephen Aris stellt in diesem Zusammenhang die Frage nach dem weiteren Nutzen der OVKS für die anderen Staaten des postsowjetischen Raums. Die einigende Rolle des Kreml könnte angezweifelt werden, denn trotz der russischen Vormachtstellung bestehen nach wir vor

Differenzen zwischen den politischen Positionen der einzelnen Mitgliedsstaaten. So, wie die drängendsten Auseinandersetzungen zwischen Armenien und Aserbaidschan im anhaltenden und jüngst wieder aufgeflammten Konflikt um Nagornyj Karabach. Wie dieser Konflikt beweist, kann es bei diesem Streit jederzeit zur offenen kriegerischen Auseinandersetzung kommen und es gab es bereits ernsthafte Diskussionen über Verpflichtungen der Unterzeichnerstaaten der OVKS-Charta hinsichtlich einer „kollektiven Verteidigung", die möglicherweise den oft erwähnten NATO-Garantien nach Artikel 5 gleichzusetzen wären, die allerdings wiederum nicht eindeutiger Natur sind. Während Jeriwan eine kollektive Beistandsverpflichtung im Fall eines aserbaidschanischen Angriffs auf Nagornyj sieht, verneint Russland als wichtigster militärischer Partner eine derartige Interpretation. Das liegt zum Teil daran, dass einige Mitgliedsstaaten der OVKS auf der Seite Aserbaidschans stehen. Selbst Kasachstan sieht ein gemeinsames Vorgehen außerhalb der Reichweite der Verpflichtungen der OVKS-Charta, da der Territorialstreit um Nagornyj Karabach im Grunde genommen offiziell nie völlig geklärt wurde und es kein allgemeines Einvernehmen über seinen Besitz gibt. Ungeachtet möglicher Interpretationen bezüglich der OVKS-Charta sind Vorstellungen über die politische oder militärische Unterstützung der zentralasiatischen Republiken für ein gemeinsames Eingreifen im Südkaukasus gegenwärtig praktisch nicht realisierbar. In gewissem Sinne stellt sich so wiederum die Frage nach der militärischen Komponente und dem eigentlichen Nutzen der Organisation. Vor dem Hintergrund ihrer Tatenlosigkeit während der Unruhen 2010 im kirgisischen Osch fragen einige Analytiker sogar, ob ein militärischer Einsatz der OVKS überhaupt von allen Mitgliedsstaaten politisch unterstützt würde?

Stephen Aris behauptet, dass sich diese Zweifel an der Fähigkeit der OVKS als kollektiver militärischer Akteur auch im Zusammenhang mit der Möglichkeit des Übergreifens militanter Kräfte aus Nordafghanistan nach Zentralasien zeigen. Neben der Betonung, dass man gegen „Szenarien farbiger Revolutionen" vorgehen würde – Thema der meisten gemeinsamen Militärübungen der OVKS im vergangenen Jahrzehnt – würden die aus Afghanistan drohenden Gefahren zu Ausgangspunkten für viele kontroverse Aktionen führen, deshalb verstärken sich diese Befürchtungen weiter. Die Stadt Kundus in der Nähe der tadschikischen Grenze fiel zwei Mal kurzzeitig an Milizen der Taliban. Während Russland daran interessiert ist, die Grenzsicherheit in allen zentralasiatischen Nachbarstaaten Afghanistans zu unterstützen, befinden sich lediglich in Tadschikistan, unter der Ägide der OVKS, sowohl russische Truppen als auch eine Militärbasis. In der Tat wurden hier in den letzten Jahren eine Reihe von OVKS-Militärmanöver durchgeführt, in denen Reaktionen auf ein mögliches Eindringen militanter Gruppen aus Afghanistan geprobt wurden.

Zu den zwei wichtigsten Beschlüsse die in diesem Zusammenhang das russische Vorgehen bestimmen, gehörte 2009 die Bildung einer speziellen Einheit, der 17.000 Soldaten, Polizisten, Nationalgardisten und Sicherheitskräfte angehören. Durch sie sollen, auch mit Unterstützung durch eine Lufteingreiftruppe, vor allem lokale Konflikte gelöst werden und das Einsatzspektrum der OVKS auch über den Verteidigungsfall hinaus erweitert werden, zum Beispiel im Bereich der Terror- und Aufstandsbekämpfung.

Diese neuen Strukturen entstanden in erster Linie auf Betreiben Russlands, während einzelne Mitgliedstaaten, wie Usbekistan und zum Teil auch Belarus, den Projekten kritisch gegenüberstanden. Usbekistan befürchtete, dadurch eine noch größere Einflussnahme Russlands in Zentralasien, während die eigene Handlungsfreiheit durch schnelle Einsatztruppen eingeschränkt würde. Letztlich verließ Usbekistan auf Grund dieser Streitigkeiten 2012 die OVKS.[87]

Ein weiteres Problem entstand mit dem Partnerschaftsinstitut, das Ende 2018 von Präsident Putin im Rahmen der OVKS gebilligt wurde. Neben Tätigkeits – Beobachtern der Organisation wurde auch anderen Interessenten – sowohl Staaten als auch internationale Organisationen – erlaubt, im beiderseitigen Interesse entsprechend zusammen zu arbeiten und an den praktischen Maßnahmen teilzunehmen. Dazu gehörte auch die mögliche Mitwirkung an militärischen Operationen. Augenblicklich bedürfen die entsprechenden Dokumente jedoch noch der Ratifizierung durch die anderen Mitgliedsländer, die dann auf diese Weise die Wirksamkeit der OVKS über den regionalen Rahmen hinaus erweitern können.[88]

Die Autorin Margarete Klein von der „SWP-Stiftung Wissenschaft und Politik" sieht auch darin Russland als prägende dominierende Kraft, die vor allem von erweiterten Zuständigkeiten der Allianz profitiert, zu denen auch ein Großteil der benötigten Ressourcen zählt.

Begann die OVKS als kollektive Verteidigungsallianz gegen Angriffe von außen, entwickelt sie sich zunehmend zu einer auf breiterem Verständnis von Sicherheit beruhenden multifunktionalen

---

87 https://www.swp-berlin.org/fileadmin/contents/products/studien/2018S19_kle.pdf

88 https://www.laender-analysen.de/russland-analysen/328/immer-noch-auf-der-suche-die-ovks-als-gemeinsamer-politischer-und-militaerischer-rahmen/

Organisation gegen Terrorismus, Extremismus, organisierte Kriminalität, illegale Migration, Waffen- und Drogenschmuggel, für Grenzschutz und Informationssicherheit und für das Zusammenwirken in Krisensituationen. Laut ihrer „Strategie der kollektiven Sicherheit bis 2025" vom Oktober 2016, sind ihre Schwerpunkte die Abwehr von inneren und äußeren Bedrohungen, die sich z. B. aus westlichen Einmischungsversuchen in die inneren Angelegenheiten ergeben könnten. Doch das sind natürlicherweise auch die Bedenken der anderen autoritären Führungen der Mitgliedstaaten, die durchaus an der Unterstützung Russlands bei der Abwehr von deren Regime- destabilisierenden Gefahren interessiert sind. Was wichtig für Russland ist –„in Konflikt mit NATO unterstützt die OVKS russische Kernpositionen, wie die Forderung nach einer neuen euro-atlantischen Sicherheitsordnung, kritisiert die militärischen Aktivitäten der Atlantischen Allianz im östlichen Bündnisgebiet und führt demonstrativ Übungen an der Grenze zu Nato-Staaten durch. Außerdem erreichte Moskau, dass die Mitgliedstaaten im Oktober 2016 Bedrohungskategorien aus der russischen Militärdoktrin, wie die strategische Raketenabwehr der USA, in die »Strategie der kollektiven Verteidigung der OVKS bis 2025« übernahmen. Allerdings weigern sich die Verbündeten, ihre bilaterale Zusammenarbeit mit der Atlantischen Allianz zu reduzieren und die OVKS, wie seit 2014 immer von Russland gefordert, in eine »Anti-Nato« zu verwandeln".[89]

Diese beide Organisationen EUWG und OVKS muss man hinsichtlich Putins Entwicklung auch einmal als Wende in der ursprünglich liberalen Vorstellungen Putins über den Westen und

---

89 https://www.swp-berlin.org/fileadmin/contents/products/studien/ 2018S19_kle.pdf

EU sehen. Zum weiteren ist das ein Meilenstein in seiner Vorstellung über die Integration auf dem postsowjetischen Raum unter dem Standpunkt, der durch die sicherheitspolitischen Kriterien bestimmt ist.

Kapitel 12

Konfrontation mit den USA

Am 19.08.2018 wurde in der belgischen Ausgabe „Dedefansa. org" ein Artikel von Karine Bechet-Golovko mit dem Titel „1941 ou 1992?" oder „Wahlen zwischen 1941 und 1992" veröffentlicht, der die Lage Russlands in der Welt charakterisiert und aufzeigt, wie die vom US-Kongress beschlossenen neuen Sanktionen das Land zwingen sollen, die „USD-Zone" zu verlassen. Führende Wirtschaftszweige wurden damit unter Blockade gestellt. Auch heute stellte sich, wie schon 1941, die Frage nach der weiteren Existenz Russlands. Das Land wurde auch seinerzeit geradezu gezwungen, mit allen nur erdenklichen Mitteln sein politisches Dasein zu erhalten und zu rechtfertigen.[90] Sicher wird das auch das Schicksal von Putin bestimmen.

Aber auch die aktuellen Sanktionen gegen Russland und seine Innen- und Außenpolitik erreichen nicht so ohne weiteres ihr Ziel. Im Gegenteil. Alle Sanktionen führen zwar zu einer Verlangsamung des Wachstumstempos, aber nicht zu dem angestrebten Ruin. Das Land ist mit aller Kraft dabei, die neuen Hindernisse mit allen Mitteln zu überwinden und seine Wirtschaft zu festigen. IWF beobachtet die wirtschaftliche Entwicklung Russlands unter der Einwirkung der Sanktionen und ist vor kurzem zum Schluss gekommen, dass die Wachstumsrate der russischen Wirtschaft sich beschleunigen kann und 1,5 Prozent pro Jahr zu überschreiten vermag. Das behauptete der Leiter der „Ständigen Mission des Internationalen Währungsfonds (IWF)" in Russland, Gabriel Di Bella.[90]

---

90 http:www.defensa.org/article/1941-ou-1992

„Ich möchte betonen, dass es durchaus möglich ist, dass sich die Wachstumsrate der Wirtschaft erhöht. Das Potenzial der russischen Wirtschaft liegt weit über 1,5 Prozent. Ohne Reformen wird es jedoch einige Zeit dauern", erklärte Di Bella auf der Konferenz der „Franko-Russischen Industrie- und Handelskammer" laut RIA Novosti. Er betonte, dass Russland Strukturreformen durchführen (müsse) und Geduld aufbringen sollte. „Der einzige Weg, höhere Wachstumsraten zu erzielen, ist Geduld und das Warten auf die Ergebnisse der Reformen." Im Januar hatte der IWF die Prognose für das russische Wirtschaftswachstum 2019 und 2020 um 0,2 bzw. 0,1 Prozentpunkte auf 1,6 bzw. 1,7 Prozent gesenkt. Die Revision war auf die Verschlechterung der mittelfristigen Ölpreisaussichten zurückzuführen.[91]

Von der Bevölkerung werden die westlichen Sanktionen auf unterschiedliche Weise wahrgenommen. So veröffentlichte das „Allrussische Zentrum der öffentlichen Meinungsforschung" am 20. Juni 2018 eine Studie zu dieser Thematik, in der für 57 Prozent der russischen Staatsbürger das Thema sehr aktuell sei. 77 Prozent der Befragten dieser Gruppe sind über 60 Jahre alt, 31 Prozent zwischen 18 bis 24 Jahre alt.

Über ein Drittel glauben sogar an einen positiven Einfluss der Sanktionen auf die russische Wirtschaft. 50 Prozent der Befragten sehen damit eine Förderung der Entwicklung und 20 Prozent rechnen mit der möglichen Substitution durch eigene Produktion des bisher notwendigen Imports. Ein Drittel spricht von negativem Einfluss, und ein Fünftel in erster Linie von allgemein zu erwartenden Steuer- und Preiserhöhungen. Doch auch 20 Prozent der befragten Menschen glauben, dass die Sanktionen

---

91 https://www.russland.capital/iwf-prognostiziert-beschleunigung-des-russischen-wirtschaftswachstums

keinerlei Einfluss auf die Wirtschaft und das allgemeine Leben haben. Eindeutiger sprechen die Befragten über ihre eigene materielle Lage. Mit negativen Folgen rechnen 24, während 67 Prozent noch keine Folgen bemerkt haben wollen. 36 Prozent in der Gruppe mit niedrigem Einkommensniveau verspüren dagegen vor allem negativen Folgen in ihrem täglichen Leben.

Besonders interessant ist in diesem Zusammenhang, dass mehr als 70 Prozent aller Befragten die Außenpolitik der Regierung unterstützen. Zugeständnisse an den Westen für den Verzicht auf Sanktionen wollen 17 Prozent der russischen Bürger und unter den 18 bis 24-Jährigen sogar 34 Prozent machen. Immerhin 27 Prozent von ihnen lehnt die Politik Putins ab.[92]

Auch nach weiteren Umfragen zu diesem Thema, wie von der Moskauer Stiftung „Öffentliche Meinung", haben 72 Prozent der Befragten von US-Sanktionen gegen Russland gehört. 54 Prozent gehen davon, dass sie sich auf die Wirtschaftsentwicklung in Russland schlecht auswirken werden. 54 bis 60 Prozent schätzen sie für Ihr eigenes Leben negativ ein. Zu diesen sozialen Gruppen gehören 19 Prozent der Bürger im Alter von 18 bis 30 Jahren, die gleichfalls Zugeständnisse zur Minderung der Sanktionen für notwendig erachten. Aber auch wohlhabendere Bürger – nach russischen Verhältnissen sind das zum Beispiel Autobesitzer – befürchten negative Auswirkungen auf ihren Lebensstandard. Über Dreiviertel – davon 71 Prozent unter den Jugendlichen – lehnen jegliche Zugeständnisse gegenüber dem Westen ab.

Die Analytiker der Moskauer „Nesawissimaja Gazeta" konstatieren auf Grund dieser Ergebnisse zwei Hauptzielrichtungen. Einmal versuchen die USA damit, die politische Elite des sogenannten

---

92 https://wciom.ru/index.php?id=236&uid=9166

„Putin-Konsens" zu spalten, um über Unternehmer und Staats-
beamten das System von innen heraus zu schwächen. Aus diesen
Gründen wurden bestimmte Sanktionen so zielgerichtet eingesetzt,
die vor allem Einfluss auf das persönliche Leben des Einzelnen und
über diesen auf die gesamte Gesellschaft haben. Sie folgen der einfachen logischen Überlegung: Wenn das Volk schlechter lebt, verliert der Staat seine Popularität! Ihre Bemühungen sollen auf jeden
Fall schädigen und Wirkung zeigen, ungeachtet wer in Russland
die Macht ausübt. Doch auch hier sehen die US-Politiker umfangreiche Probleme, denn sehr viele russische Staatsbürger teilen das
Weltbild des russischen Staates unter Putin.[93]

Doch selbst der allgemeine wirtschaftliche und politische Druck
auf Russland wird immer stärker. Der Gründer der Oppositions-
partei „Yabloko", Grigorij Yawlinski, sieht vor allem, „dass diese Probleme eine neue Qualität gewonnen haben und jetzt alle
russische Staatsbürger, und nicht nur die einzelnen Vertreter der
Macht und der Wirtschaft, erheblich treffen". Nach seiner Auffassung „hat es der Westen verstanden, das Land schrittweise zu
isolieren, da er mit politischen Paukenschlägen den Kreml nicht
bezwingen kann". Yawlinski meint, „dass selbst bei einem Rückzug Putins von der Macht die Sanktionspolitik auf Jahre weiter
geführt würde. Nicht nur die Machtstrukturen seien Objekt des
Angriffs, sondern der Platz und die aktive Rolle des russischen
Staates in der Weltpolitik. Es sei US-Berechnung, dass ein Land,
das aufgrund festgelegter Beschränkungen und eigener Wirt-
schaftsschwäche nach außen nicht ungehindert operieren kann,
auch weniger gefährlich für die übrige Welt ist".[94]

---

93 http://www.ng.ru/editorial/2018-08-29/2_7299_red.html
94 http://www.ng.ru/politics/2018-08-28/3_7298_yavlinsky.html

Das ganze Ausmaß der Konfrontation zwischen Russland und US-Amerika steht heute und morgen im engsten Zusammenhang mit der wirtschaftlichen und politischen Stellung der USA im gesamten Weltgeschehen. Das sich als Plattform für Fragen internationaler und europäischer Politik verstehende deutsche Magazin der SPD nahen Friedrich-Ebert-Stiftung „IPG-Journal", untersuchte die amerikanische Position im Rahmen ihrer Sanktionspolitik. Autor Tobias Fella weist darauf hin, „dass die USA mit einem Anteil an der gesamten Weltwirtschaft von 25 Prozent, allein für militärische Zwecke 1/3 aller Verteidigungsausgaben in der Welt bestreiten. Der Autor begründet ihre Weltmachtstellung auch damit, „dass sich 600 von den 2000 ertragsstärksten Firmen und 50 der 100 wichtigsten Universitäten der Welt allein in den Vereinigten Staaten befinden".[95]

Aus diesem Machtanspruch heraus lassen sich natürlich die Hauptziele für die US-Sanktionen gegen Russland sehr gut erkennen. Am 22.08.2018 schrieb Nigel Gould-Davies im US-Magazin „Foreign Affairs" von „Sanctions on Russia Are Working", dass ihre wichtigsten Konsequenzen noch bevorstehen, und dass sich ihre Auswirkungen weiter verstärken. Sie werden härter und effektiver. Eines der Hauptziele besteht vor allem in der Isolierung Russlands vom Großteil des globalen Finanzsystems. Die Energetik und das Verbot der Übergabe von Technologien gehören zu den weiteren Schwerpunkten.[96]

Diese Bedrohungen seitens des Westens haben aber auch großen Einfluss auf die politische Gesamtsituation in der der Welt.

95 https://www.ipg-journal.io/rubriki/vneshnjaja-politika-i-bezopasnost/statja/show/v-otvet-trampu-ehmansipiruites-584/
96 https://www.foreignaffairs.com/articles/russian-federation/2018-08-22/sanctions-russia-are-working

Reinhard Krumm, Leiter des Wiener Büros des „JPG-Journal", schrieb am 25.06.2018, „dass im grenzenlosen Konkurrenzkampf der Gegenwart, Begriffe wie „Kalter Krieg", dafür verharmlosende Anachronismen sind. Jeder weiß, dass schon kurz nach dem 2. Weltkrieg der weltweite ideologische Konflikt der Sowjetunion und ihrer Verbündeten mit den USA und den westlichen Ländern mit diesem, die jeweilige Situation charakterisierenden Begriff, belegt wurde. In den Auseinandersetzungen um weltweite Dominanz wurde seinerzeit sogar der Einsatz todbringender Atomwaffen nicht ausgeschlossen. Historisch gesehen wurde 1947 mit der Politik des Kalten Krieges begonnen, als US-Präsident Harry Truman den von sowjetischer Aggression bedrohten Staaten Hilfe versprach. Vorläufiges Ende war dann der Fall der Berliner Mauer und der darauf folgende Zerfall der Sowjetunion.

Der Unterschied zur Gegenwart macht aber auch deutlich: Es handelt sich derzeit weder um einen allein ideologischen, noch um einen wirtschaftspolitischen Konflikt. Auf den ersten Blick befinden sich die Konfliktparteien Russland auf der einen – die USA, die Staaten der EU, Georgien und die Ukraine als Länder der östlichen Partnerschaften auf der anderen Seite. Der Rest der Welt scheint zuzuschauen – verärgert, verängstigt oder wie China, mit einem Schmunzeln", wie es der Autor Reinhard Krumm ausdrückt. Er meint, „dass sich die großen, militärisch oder wirtschaftlich starken Staaten auf eine neue „Ordnung" vorbereiten, für die der Begriff allein in die Irre führt und die maßgeblich von Machtinteressen geprägt ist: Die USA wollen an ihrer Dominanz festhalten, China und Russland streben nach einer multipolaren Welt. Das Ende der Geschichte, das 1991 als Ende der Konkurrenz von Ideen ausgerufen wurde, dauerte gerade mal ein Vierteljahrhundert, weil sich das

Kräfteverhältnis zwischen den USA, China, Russland, der EU und weiteren Staaten massiv verschoben habe."[97]

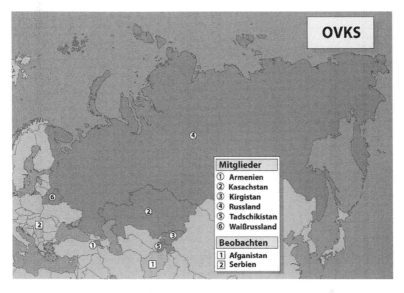

Die Länder des OVKS

Grafik: Michail Mitin

Einer der Experten des Moskauer „US-Carnegie-Zentrums", Alexej Malaschenko, schrieb noch 2015 in „Die Sackgasse der nichtwestlichen Integrationswege", „dass man heute über das Ende der Zeit des Westzentrismus und über die Formierung der neuen Machtzentren spricht. Einer der Hauptmerkmale der Meilensteinänderung bestehe in der Neuorientierung Russlands vom Westen nach dem Nichtwesten". Malaschenko meint, „dass so eine Wende es Russland ganz leicht gemacht hatte, weil sie politisch und psychologisch schon längst vorbereitet wurde und sie

---

97 https://www.ipg-journal.de/rubriken/aussen-und-sicherheitspolitik/artikel/alle-gegen-alle-2814/

die Einverleibung der Krim irreversibel gemacht hat". Gleichzeitig versucht Russland verzweifelt, den Status als Weltmacht zurückzuerobern. Als wichtigstes Instrument fungieren dabei die verschiedensten Integrationsprojekte. Die erste sei die „Euroasiatische Wirtschaftsgemeinschaft", die nach der Meinung von Maaschenko ein rein russisches Projekt sei, obwohl die ursprüngliche Idee vom kasachischen Präsidenten Nasarbajew stammte. Dieses relativ kleine Projekt musste die russische Hegemonie im postsowjetischen Raum behaupten. Zur zweiten Ebene gehöre das geplante militärisch-politische Projekt der „Organisation des Vertrages über kollektive Sicherheit (OVKS)".

Grafik: Michail Mitin

Ein weiterer Bestandteil ist die 2001 von China gegründete „Shanghaier Organisation für Zusammenarbeit (SOZ)", die aus der „Shanghai Five" von 1996 hervorging. Ihr gehören heute die Volksrepublik China, Indien, Kasachstan, Kirgisistan, Pakistan, Russland, Tadschikistan und Usbekistan an. Dabei geht es vor allem um die sicherheitspolitische Zusammenarbeit und die Stabilität der Mitgliedstaaten sowie gemeinsame Wirtschafts- und-Handelsfragen in der Region.

Derzeit vertritt diese Vereinigung als größte Regionalorganisation etwa 40 Prozent der Weltbevölkerung und besitzt seit Dezember 2004 unter ihrer chinesischen Führung Beobachterstatus bei den Vereinten Nationen. Ihren hauptsächlichen Nutzen hat die chinesische Wirtschaft, weshalb sich auch der Sitz der Organisation in Peking befindet.

Nach Auffassung von Malaschenko versucht Moskau „aus gutem Grund", dieser Organisation zusätzliche, besonders politische Akzente zu verleihen.

Als dritte Integrationsebene nennt Malaschenko die „Neue Seidenstraße". Das „One Belt – One Road"-Projekt der Volksrepublik China unter ihrem Vorsitzenden Xi Jinping umfasst landgestützte (Silk-Road-Economic-Belt) und maritime (Maritime-Silk-Road) Infrastruktur- und Handelsrouten, Wirtschaftskorridore und Transportlinien von China über Zentralasien und Russland bzw. über Afrika nach Europa. Dazu werden die verschiedensten Einrichtungen und Verbindungen – z. B. Tiefsee- oder Containerterminals, Bahnlinien und Gaspipelines ausgebaut. Bestehende wichtige Korridore sind dafür Landverbindungen über die Türkei oder Russland, auch Verbindungen zum Hafen von Shanghai über Hongkong und Singapur nach Indien und Ostafrika, Dubai, den Suez-Kanal und über den griechischen

Hafen Piräus nach Venedig. Als „Neue-Seidenstraße" soll sie an die Bedeutung der historischen „Seidenstraße" anknüpfen.

China hat sich damit in erster Linie die Stabilisierung der Grenzen zu den mittelasiatischen Staaten und die Entwicklung seines westlichen Landesteils zum Gesamtziel gesetzt. Als Reaktion auf die amerikanischen Initiativen „Pivot to Asia" und „New Silk Road Initiative" von 2011 geht es hier vor allem um das autonome Gebiet „Xinjiang". Die „Neue-Seidenstraße" ist gleichzeitig auch als Alternative zu der ursprünglich von den USA vorgeschlagenen Trans-Pazifischen-Partnerschaft (TPP) gedacht, aus der die USA 2017 unter Donald Trump allerdings ausgestiegen sind.

Malaschenko betrachtet die „Neue-Seiden-Straße" „als ein vor allem infrastrukturelles Projekt. Er geht davon aus, „dass sich die Euroasiatische Wirtschaftsgemeinschaft anschließen wird", an der China bereits seit 2015 großes Interesse zeigt. Der Autor hält sogar für möglich, „dass sie in Zukunft ihre Selbstständigkeit verliert und zum Teil des Projektes wird".

„Als vierte Ebene der Integration" nennt Malaschenko „die die seit 2001 existierende Vereinigung „BRICS" der Staaten Brasilien, Russland, Indien, China und Südafrika". Er behauptet aber auch, „dass man in Moskau auf die Verwandlung „BRICS" in eine Alternative der westlichen wirtschaftlichen und politischen Dominanz in der Politik und Wirtschaft hofft, und dass sie sich in einigen Jahrzehnten in eine der einflussreichsten internationalen Organisation verwandeln wird".

Malaschenkos Analyse stammt aus dem Jahre 2015 und einiges hat sich inzwischen verändert. Seine Bemerkung, „dass sich „BRICS" für China zu einem für sie nützlichen Instrument zur Modifizierung des Weltfinanzsystem entwickelt", ist auch heute noch gerade angesichts der US-Versuche, Russland aus dem „USD-System" zu verdrängen, von entscheidender Bedeutung. In dem Ranking der „BRICS-Wirtschaft" nimmt Russland nur den vierten Platz ein. Entgegen der Meinung Malaschenkos über den bisherigen schwachen Anteil am Wirtschaftswachstum Russlands, ist nur zu hoffen, das seine Mitgliedschaft bei der Überwindung der Sanktionsfolgen zunehmende wirksam wird.[98]

98 https://carnegie.ru/2015/08/07/ru-pub-60970

Kapitel 13
Militärische Aspekte der russisch-amerikanischen Konfrontation

Die Besorgnis über Russlands Absichten und seine militärischen Stärken ist auf der Agenda westlicher Politiker und Analytiker wieder ganz nach oben gerückt. Besonders die offene und verdeckte „hybride Kriegsführung", z. B. in der Ukraine oder auch die Bombardierungen in Syrien, lassen diese Befürchtungen immer mehr wachsen. Damit manifestiert sich auch das Unbehagen über die militärischen Aktivitäten Russlands und die damit eskalierenden Spannungen im Verhältnis zu den NATO-Staaten, gleichfalls wie die Verlagerung von aufeinander ausgerichteten militärischen Stützpunkten und Waffensystemen an den Ostgrenzen in Europa. US-Präsident Trump sorgte persönlich für die Verschärfung der Beziehungen im militärischen Bereich zwischen Russland, der NATO und den USA, in dem er den Vertrag über das Verbot landgestützter Mittelstreckensysteme (INF-Intermdiate Range Nuclear Forces Treaty) von 1987 kündigen wollte, dessen Ziel seinerzeit es doch war, den nuklearen Stationierungswettlauf der USA und der damaligen Sowjetunion in Europa zu beenden. Trump begründet seine Politik mit von Russland vehement bestrittenen Abkommens-Verletzungen, dass seinerseits Washington Vertragsbruch vorwirft. Laut Trump gefährde auch Chinas „INF-Potential" die strategische Stellung der USA. Doch das amerikanische Handeln widerspricht im Grund genommen den jüngsten Positionen der NATO. Bisher verpflichtete dieser Vertrag über die Beseitigung nuklearer Mittelstreckensysteme die USA und die Nachfolgestaaten der Sowjetunion, landgestützte ballistische Raketen und Marschflugkörper (GLCM) mit einer Reichweite zwischen 500 und 5500 km, sowie ihre Abschussvorrichtungen und die benötigte Infrastruktur, zu zerstören und verbot ihre Produktion, aber auch die Flugerprobung und Depotlagerung. Sollten die Vereinigten Staaten den INF-Vertrag mit allen Konsequenzen verlassen, würde ein wesentlicher Eckpfeiler der europäischen Sicherheit und der globalen nuklearen Ordnung mit unübersehbaren Folgen einstürzen. Ein Vertragsende würde Unberechenbarkeit und Destabilisierung bedeuten und Europa der akuten Gefahr eines neuen nuklearen Wettrüstens aussetzen. Umso notwendiger ist es, so schnell wie möglich entscheidende Schritte zu unternehmen, um die für die Sicherheit der ganzen Welt lebenswichtigen Vereinbarungen (INF) zu retten. Wissenschaftler Oberst a.D. Wolfgang Richter von der „Forschungsgruppe Sicherheitspolitik der Berliner Stiftung Wissenschaft und Politik" hob zu diesem Thema besonders hervor, wie wichtig es sei, das Europa auf jeden Fall entsprechend dieser, die Sicherheit gefährdenden Situation, zu reagieren versucht.[99]

Das im Jahre 1987 vom Generalsekretär des Zentralkomitees der KPdSU Michail Gorbatschow und dem US-Präsidenten Ronald Reagan unterzeichnete Abkommen galt bisher als unbefristet. Mit dem Vorwurf der Vertragsverletzung durch Russland begründete die amerikanische Seite im vergangenen Jahr ihren Rücktritt von dem politisch äußerst wichtigen Vertrag und drohte darüber hinaus mit wirtschaftlichen Sanktionen.

Im Grund genommen ein Problem, dass nicht nur die Hauptakteure betrifft. Doch trotz seiner offen geäußerten Besorgnis bei der Betrachtung der politischen Weltlage fehlt selbst dem deutschen Außenminister Heiko Maas die Konsequenz oder Befähigung,

---

99 https://www.swp-berlin.org/wissenschaftler-detail/wolfgang-richter/

im Streit zwischen den USA und Russland eine dringend erforderliche Vermittlerrolle zu spielen, wie es aus einer Erklärung in der Zeitung „Die Welt" zum sowjetisch-amerikanischen Vertrag über die Beseitigung von Zwischen- und Kurzstreckenraketen (INF) deutlich wird.[100]

Das Ende des Vertrages im Frühjahr 2019 führte mit dem Zusammenbruch des gesamten Systems der Atomwaffen-Kontrolle schließlich zu einer Kettenreaktion. Den Absichten der Regierung von Donald Trump nach zu urteilen, besitzt auch der Vertrag über Maßnahmen zur Verringerung und Begrenzung der strategischen Offensivwaffen (strategic arms reduction treaty (START-3) keine Bedeutung mehr, der seinerzeit von den Präsidenten Dmitri Medwedew und Barack Obama unterzeichnet wurde, Diese 2011 in Kraft getretene Vereinbarung war ursprünglich für zehn – mit der Möglichkeit einer Verlängerung um weitere fünf Jahre – ausgelegt.

Dazu meinen einige russische Experten sogar, dass selbst der Atomwaffensperrvertrag von 1968 und möglicherweise auch das Universal-Testverbot von 1996 zusammenbrechen könnten. Die Folge unter den gegenwärtigen Bedingungen wäre, dass in der Welt ein neues nukleares Wettrüsten beginnt, das durch die Konkurrenz von Offensiv- und Verteidigungswaffensystemen sowie durch moderne Weltraum- und Cyber-Kriegswaffen verstärkt wird. Damit würde ein Atomkrieg möglich, der zur Zerstörung der Menschheit führen könnte, so wie ihn bereits der kürzlich verstorbene britische Physiker Stephen Hawking voraus zu sehen glaubte.

---

100 https://www.welt.de/politik/deutschland/article186605834/Heiko-Maas-zu-INF-Vertrag-Russland-muss-jetzt-ueberpruefbar-abruesten.html

Für Europa bestände die Gefahr einer vollständigen Zerstörung, da amerikanische Mittelstreckenraketen nicht nur im Westen, sondern auch an den Frontlinien in Osteuropa, in Rumänien, Baltikum und in Polen stationiert werden könnten. Innerhalb weniger Minuten wäre das Territorium Russlands bis zum Ural von diesen Positionen aus zu erreichen. Russland warf den USA deshalb vor, bereits heute seine Abwehrsysteme als Ziele ihrer analog ballistischen Raketen mittlerer Reichweite einzuplanen. Doch auch in den amerikanischen unbemannten Drohnen „Predator" und „Reaper" mit einer Reichweite von mehr als 500 km sieht Russland gleichfalls Verstöße gegen den INF-Vertrag.

Es ist bemerkenswert, wie Russland auf die bevorstehende Stationierung der US-Drohnen in Polen reagierte. So kommentiert der Vorsitzende des Duma-Ausschusses für Verteidigung, Wladimir Shamanov, „dass die Platzierung in Polen von einem Geschwader von US-Drohnen nicht ohne Antwort bleibt".

So schrieb die russische Nachrichtenagentur Interfax, „dass die Welt abwärts rollt." Anders gesagt, die Welt rollt in „die gefährliche Grenze von den Ereignissen der Kuba-Krise 1962". „Unmanned aerial vehicles" oder Drohnen vom Typ MQ-9 sind vergleichbar mit Mittelstrecken-Raketen in seinen Eigenschaften, schnell und in kürzeste Zeit Ziele zu erreichen. Dies bedeutet, dass die USA in der Lage sind, mit nuklearen Waffen einen Präventivschlag auszuführen ", erklärte Schamanov.

Der Parlamentarier sagte, „Russland könne (dieses Vorhaben) nicht ignorieren, die erhöhte militärische Präsenz in Polen, das als Land an Belarus angrenzt, bedroht schon unmittelbar die russische Grenze. Wie bekannt, signierten die Präsidenten der USA und Polen, Donald Trump und Andrzej Duda am 12 Juni 2019 eine Erklärung zur Zusammenarbeit im Bereich der Verteidigung.

Das sieht die Stationierung eines Geschwaders in Polen von unbemannten MQ-9 vor. Interfax behauptet, dass auch die Zahl der US-Truppen in Europa erhöht wird.[101]

Das bestätigt auch der deutsche Nachrichtensender n-tv. Er berichtete, dass „für die größte Militärübung seit 25 Jahren von Januar bis Juni Schwertransporte über Deutschlands Straßen rollen. An der US-Großübung ‚Defender 2020‘ nehmen 17 NATO-Länder teil. Rund 37.000 Soldaten sollen dafür nach Polen und Litauen verlegt werden.“

Straßentransporte sind geplant auf westöstlicher Achse über Düsseldorf – Hannover – Magdeburg – Frankfurt/O. im Norden sowie über Düsseldorf – Mannheim – Nürnberg – Dresden – Görlitz im Süden. Weiter heißt es: „Die Transportroute Nord-Süd ist von Bremerhaven – Hannover – Frankfurt – Mannheim geplant.“ Als Rastplätze für die Transporte seien die militärischen Liegenschaften in Rheindahlen, Augustdorf (beides Nordrhein-Westfalen), im niedersächsischen Garlstedt, in Burg (Sachsen-Anhalt), Lehnin (Brandenburg), dem hessischen Stadtallendorf und Oberlausitz sowie Frankenberg in Sachsen sowie US-Liegenschaften in Deutschland vorgesehen.

Für Truppenverlegungen seien auch die Flughäfen in Berlin, Hamburg, Frankfurt/Main, München, Nürnberg und die US-Luftwaffenbasis in Ramstein vorgesehen, hieß es in dem Bericht weiter. Auch Bremen werde als Flughafen für die Übung in Betracht gezogen. Genutzt werden sollen zudem die Häfen von Bremerhaven, Bremen, Duisburg und Krefeld, sowie weitere Häfen in den Niederlanden, in Belgien und Frankreich.

---

101 https://newsde.eu/2019/06/13/russland-reagiert-auf-die-platzierung-in-polen-bewaffneter-drohnen-in-den-usa/

Die Kernzeit der Verlegungen durch Deutschland nach Polen und Litauen wird zwischen April und Anfang Mai 2020 liegen. Die letzten Transporte sollen Anfang Juni rollen, berichteten die RND-Zeitungen. An der Großübung sollen sich laut Verteidigungsministerium rund 37.000 Soldaten aus 17 Nato-Ländern beteiligen.[102]

Zu den politisch sehr ernsten russischen Einsprüchen, so sagen Experten, zählen in diesem Zusammenhang auch die Hinweise auf einen bereits erfolgten Einsatz in Rumänien im Jahr 2016 und die Stationierung amerikanische Raketenabwehrbasen mit Trägerraketen in Polen. Die gegenwärtig bereits auf US-amerikanischen Schiffen stationierten Standard-3-Abfang- und Tomahawk-Raketen weisen bereits heute eine Reichweite bis zu 2500 km auf. Sie sind zwar nicht in die „INF-Vereinbarung" einbezogen, können aber durchaus in verbotene landgestützte Marschflugkörper umgebaut werden. Der Vertrag verbietet nicht nur Raketen selbst, sondern auch Langstrecken-Abschusseinrichtungen, gegen die es bereits 2017 russische Einwände gab. Doch trotz dieser schwerwiegenden Vertragsverletzungen zeigten selbst die Europäischen Politiker bisher keinerlei Reaktion. Auch der deutsche Außenminister Maas stellt sich hinter die amerikanischen Behauptungen, das Russlands getestete Raketen angeblich bereits als Mittelstreckenraketen eingesetzt wurden.

Damit soll das amerikanische Vorhaben begründet werden, bodengestützte Marschflugkörper des Typs 9M729 mit einer Reichweite von mehr als 500 km auf dem „Iskander-Komplex" einzusetzen, was laut bisheriger Vereinbarung gleichfalls verboten ist.

---

102 https://www.n-tv.de/politik/US-Militaerkonvois-rollen-durch-Deutschland-article21494958.html

Die Gefahr nimmt zu! Das damit wachsende Misstrauen zwischen den Vereinigten Staaten und Russland darf jedoch auf keinen Fall zu einem – vor allem für Europa – gefährlichen Wettrüsten führen. Deshalb ist es dringend erforderlich, das unabhängige Experten dafür sorgen, dass eine eigentlich bereits existierende spezielle Kontrollkommission für die weitere Entwicklung militärischer Ausrüstung tätig wird. Minister Maas meinte in einem Interview lediglich, dass der Schlüssel zur Aufrechterhaltung des Vertrags in Moskau läge – was jedoch nicht den Abkommen zwischen beiden Staaten entspricht – und forderte Russland „zur Entwaffnung" auf. Maas vereinfacht aus Gründen der transatlantischen Partnerschaft dieses Problem, das so schier unlösbar scheint. Wenn jedoch nicht sofort begonnen wird, zu den Verträgen zurückzukehren, könnten die Vorhersagen von Stephen Hawking bittere Wirklichkeit werden.[103]

Der Wissenschaftler hätte recht, denn es geht hier um „die dringend erforderliche strategische Stabilität", wie Dimitry Trenin in einem Beitrag für das Projekt „Strategische Stabilität im 21 Jahrhundert" schrieb.[104]

Diese zitierte Idee der „strategischen Stabilität" entstand seinerzeit nach der Karibikkrise von 1962 mitten im „Kalten Krieg", als sich die Vereinigten Staaten und die Sowjetunion kurz vor einer umfassenden Einigung über die atomare Rüstung befanden. Darunter wurde im Wesentlichen ein im Grunde genommen fehlender Anreiz für einen ersten Atomschlag der rivalisierenden Supermächte verstanden. Um Stabilität zu gewährleisten, müsste jede Seite Potenzial für einen Vergeltungsschlag besitzen, das den Erstschlag logischerweise bedeutungslos machen würde. Es

---

103 www.ng.ru/world/2019-01-08/100_nucwar0801.html
104 https://carnegie.ru/commentary/77615

wären gegenseitige sinnlose Zerstörungen, weil das zuerst Atomwaffen einsetzende Land zwangsläufig durch einen Vergeltungsschlag selbst zerstört würde. Gerade mit dieser Begründung vereinbarten die Vereinigten Staaten und die Sowjetunion 1972 den „Vertrag über die Begrenzung der Raketenabwehrsysteme" und beschlossen dafür kein strategisches Waffen-System aufzubauen.

Beide Kontrahenten im Kalten Krieg besaßen damals gute Gründe, auf ernsthafte Angriffsvorbereitungen zu verzichten. So existierte dank der beispielhaften Gleichheit der strategischen Nukleararsenale der USA und der UdSSR ab Ende der 1960er Jahre ein relativ stabiles Sicherheitssystem. Natürlich war das Verhältnis aus verschiedenen geografischen und geopolitischen Gründen, und auch der konventionellen Waffen der gegnerischen Seiten, nicht hundertprozentig ausgeglichen. Beiden Seiten war jedoch bewusst, dass ein Frontalkonflikt zwischen dem Warschauer Pakt und der NATO-Vereinigung nur wenige Stunden „nicht nuklear" ausfiele und wahrscheinlich sehr schnell einen globalen Charakter hätte erreichen können. Die sowjetische Militärdoktrin wies die Ansichten amerikanischer Strategen auf die Möglichkeit eines begrenzten Atomkriegs in Europa – ohne das Gebiet der Vereinigten Staaten zu berühren – zurück und so erkannten schließlich beide Seiten, dass ein Atomkrieg sogar die ganze Welt zerstören könnte.

Bis in die letzten Jahre blieb deshalb auch das Kräfteverhältnis in Europa, wo sich die größten militärischen Kontingente der gegnerischen Blöcke konzentrierten, relativ stabil.

Zahlreiche Konflikte und Feindseligkeiten wurden dennoch in der Zeit des Kalten Krieges außerhalb – zum Beispiel im Nahen Osten oder im südlichen Afrika – ausgetragen. Doch auch hier waren jeweils nur eine der beiden Supermächte direkt beteiligt, wie u. a. in Korea, Vietnam oder Afghanistan. Glücklicherweise kam es mit Ausnahme der Westberlin-Krise von 1962 zu keiner direkten Konfrontation zwischen den Supermächten und ihrer Verbündeten.

Doch der Kalte Krieg hatte keine positiven Auswirkungen auf Stabilität und gegenseitiges Vertrauen, vielmehr bewirkte er eher das Gegenteil, weil die Angst vor einem ersten Nuklear-Schlag immer bestand. Vor allem nach der Karibik-Krise kam es zu kritischen Situationen, als man sich gegenseitig bezichtigte. Selbst in relativen Ruhephasen blieb deshalb die Angst vor Änderungen im globalen oder regionalen Kräfteverhältnis, und der möglichen Erlangung strategischer Vorteile der jeweils anderen Seite bestehen.

Das Wettrüsten auf beiden Seiten wirkte äußerst destabilisierend und die Befürchtungen waren allgegenwärtig, dass die Parteien gegenseitig Vorteile gegenüber der anderen gewinnen (könnten) und so dem „gegenseitigen Selbstmordpakt" entkämen. Besonders die Stationierung von Raketen mittlerer Reichweite in Europa im Jahr 1983 trug die Gefahr eines „entwaffnenden" Erstschlags in sich. Die NATO-Übungen Able Archer im gleichen Jahr und die Vorstellungen über den Einsatz von Waffen im Weltraum im Rahmen des „Strategic-Defense-Initiative-Programms" des US-Präsident Reagan boten weitere Beispiele für eine akute Besorgnis. Auf der anderen Seite machten die Verhandlungen und erzielten Vereinbarungen zwischen den Vereinigten Staaten und der UdSSR über die Rüstungskontrolle – die allerdings seit Ende der 1960er Jahre bis zum Ende des Kalten Krieges unterbrochen wurden – Hoffnung auf ein gewisses Maß an gegenseitigem Vertrauen.

Im Ganzen gesehen bestand die strategische Stabilität in der Zeit des Kalten Krieges in der bipolaren Welt (Dualismus) der zwei

Hauptgegner und aus der gegenseitigen Angst vor der Eskalation eines Krieges zwischen den Supermächten, der zu Nuklearangriffen führen und den Konflikt auf strategischer Ebene weltweit ausdehnen würde, einerseits, und einem gewissen Maß an Vertrauen und die Aussicht auf gegenseitige Zerstörung, beide Seiten davon abhalten konnte, sich gegenseitig anzugreifen.

Bisher bestanden jedoch auch ständige Ängste, dass jede Seite einen Weg finden könnte, um den „Pakt des gegenseitigen Selbstmords" zu umgehen. Gerade diesen Befürchtungen sollten die bilaterale Rüstungskontrolle und entsprechende Verträge entgegenwirken um somit den strategischen Status Quo aufrechtzuerhalten.

Das waren letzten Endes auch die Gründe dafür, dass der über vier Jahrzehnte herrschende Kalte Krieg wirklich „kalt blieb". Gerade die nukleare Abschreckung spielte in diesem Zusammenhang eine wichtige Rolle. Sie bot jedoch für eine dauerhafte Stabilität keine Garantie: Die Abschreckung hätte möglicherweise nicht funktionieren können und es gab auch glückliche Umstände, die eine Eskalation verhinderten, wie zum Beispiel in der Karibikkrise.

Warum ist die detaillierte Beschreibung der Lage im Rüstungsbereich für Putins und Russlands Schicksal so wichtig? Hier geht es vom russischen Standpunkt aus um den Versuch, Russland totzurüsten. Was schon einmal in den Beziehungen zwischen den USA und der Sowjetunion der Fall war.

Kapitel 14

Die Veränderung der Welt
im 21. Jahrhundert

Mit dem Ende des Kalten Krieges begann mit der 25-jähri-
gen Weltherrschaft in den USA eine in der Geschichte bei-
spiellose Entwicklung. So können die Beziehungen zwischen den
Vereinigten Staaten und den Großmächten relativ großzügig als
„Pax Americana" eingeschätzt werden. Doch die amerikanische
Dominanz führte leider nicht zur Bildung eines stabilen globalen Systems, das die Interessen aller Länder in ihren internationalen Beziehungen positiv berücksichtigte. Bereits in der Mitte
des zweiten Jahrzehnts des 21. Jahrhunderts endete die relative
Friedensperiode, und die strategische Stabilität in der Welt wurde
durch große Machtkämpfe erneut in Frage gestellt.

Anstelle der bisherigen starren Bipolarität des Kalten Krieges
und der Unipolarität der „Pax-Americana-Periode" traten die
Ansprüche weiterer unabhängiger Großmächte auf die Weltbühne. Unter ihnen ist die USA zwar immer noch der mächtigste
Kontrahent und Führer des NATO-Bündnisses – zu dem auch
die zwei weiteren Atommächte Großbritannien und Frankreich
gehören – aber ihre beherrschende Stellung ist nicht mehr so sicher wie früher.

Gleichzeitig sieht Washington in China eine ernsthafte neue Herausforderung und steht außerdem in harter Konfrontation mit
Russland.

China und Russland betrachten ihrerseits die USA offiziell als Rivalen und potenziellen Gegner. Indien, ein weiterer strategischer

Partner, der sich allmählich zu einer Weltmacht entwickelt, pflegt freundschaftliche Beziehungen (außer zu China) zu Russland und den Vereinigten Staaten. Neben diesen vier Atommächten existieren aber auch Israel, Pakistan und Nordkorea, die bereits Nuklearwaffen besitzen.

Während im Falle Israels davon ausgegangen wird, dass Atomwaffen nur als allerletztes Mittel eingesetzt werden können, weisen Pakistans Systeme gezielt auf Indien, während Nordkorea mit seinen Atomwaffen die Vereinigten Staaten einschüchtern will. Aber auch die anderen Konstellationen sind nicht unproblematisch für die Weltpolitik.

Im Gegensatz dazu beweist sich Israel als ein langjähriger Verbündeter der Vereinigten Staaten, während Pakistan etwas unruhige, aber ansonsten recht enge Beziehungen zu Washington und Peking pflegt und Nordkorea sich formal eng mit China verbunden fühlt. All dies hindert jedoch keines dieser Länder daran, öffentlich seine strategische Unabhängigkeit zu erklären. Nach außen hin fungieren diese drei Staaten tatsächlich als unabhängige Atommächte.

Der nukleare Polyzentrismus wurde so zur Realität und entwickelt sich ständig weiter. Wie Pjöngjang und in gewissem Maße auch Teheran zeigt, nutzt jedes Land mit entsprechenden Ressourcen und entschlossener Führung die Möglichkeiten einer atomarer Aufrüstung, und versucht mit mehr oder weniger Erfolg internationalem Druck und möglichen wirtschaftlichen und militärischen Aktionen standzuhalten.

Der US-Krieg im Irak, die NATO-Militäroperationen in Libyen aber auch die Intervention „der prorussischen Kräfte in der Ostukraine" zeigen, dass „der Verzicht auf Atomwaffen die Staaten für Angriffe von außen anfällig macht. Der Besitz von

Atomwaffen, wie die Erfahrungen Nordkoreas zeigen, kann jedoch auch eine gewisse Garantie für die Immunität des eigenen Regimes sein. Der Iran als Regionalmacht des Nahen Ostens, schränkte dagegen sein Nuklear-Programm im Austausch für die Aufhebung von Sanktionen und die Wiedereingliederung in die Weltwirtschaft ein. Sollte jedoch das Abkommen von 2015 zwischen dem Iran und der Internationalen Gemeinschaft endgültig scheitern, werden auch militärische Aktionen der Vereinigten Staaten oder Israels den Iran nicht daran hindern, weiterhin auf eigene Atomwaffen zu bestehen."

„Unter den gegenwärtigen Bedingungen," schrieb Dr. Garik Keryan, Politologe der Uni in Eriwan weiter, „besteht die Gefahr des Einsatzes von Atomwaffen nach wie vor. Das zeigten seinerzeit auch die Anschläge vom 11. September 2001, wo deren Einsatz durch aus möglich gewesen wäre. Sie auch künftig zu verhindern, wurde deshalb zu einem ständigen Anliegen der nationalen Sicherheitsdienste im Kampf gegen extremistische Gruppierungen und mögliche Terroranschläge auf der ganzen Welt. Doch der fast völlige Vertrauensverlusts zwischen den Vereinigten Staaten und Russland macht dieses gemeinsam notwendige Vorgehen besonders schwierig".

Die Entwicklung neuer moderner Technologien beeinflusst gleichfalls die allgemeine Sicherheit. Dazu zählt auch die Zunahme strategischer nichtnuklearer Waffen, die Entwicklung von Cybertechnologien und künstlicher Intelligenz sowie der durchaus mögliche Waffeneinsatz im Weltraum. Die Kombination der auf diesen Technologien basierenden Systemen mit Atomwaffen kann die gesamte Sicherheitsstrategie ernsthaft infrage stellen. Selbst hochpräzise nichtnukleare Systeme sind in der Lage, auch mit konventioneller Munition Ziele auf der ganzen Welt zu treffen, der Einsatz von nuklearen und nicht-nuklearen Waffen steht durchaus im gefährlichen engen Zusammenhang.

Eine weitere besonders ernsthafte Bedrohung bieten mögliche Cyberangriffe, die z. B. die Infrastruktur eines ganzen Landes außer Gefecht setzen, ganze Großstädte von der Elektrizitätsversorgung abschneiden und die Zentren der Verwaltung und des Militärs lähmen können, was bisher nur mit Atomwaffen möglich war.

Die Organisatoren von Cyberangriffen wären unter heutigen Bedingungen kaum auszumachen, um präventive Maßnahmen einzuleiten bzw. wirksam zu reagieren.

In unserem 21. Jahrhundert bestimmen neue Umstände die nukleare Multipolarität und die damit verbundene Fragmentierung der globalen strategischen Stabilität. Sie führen zur Rückkehr der Rivalität der vier führenden Militärmächte, zur Stärkung der Rolle einzelner Regionalmächte aber auch zu neuen, von Ländern wie z. B. Nordkorea, ausgehenden Gefahren durch militärische Aufrüstung. Gleichzeitig wächst kontinuierlich das Potenzial für nukleare Angriffe und Provokationen und es entstehen strategisch hochgefährliche nichtnukleare Kampfmittel, die nicht weniger Schaden anrichten können und zudem schwieriger zu identifizieren sind. Vor allem die Verbreitung hochentwickelter Cybersysteme führt in Kombination mit Atomwaffen zu einem gewaltigen, heute kaum einzuschätzenden Gefahrenpotenzial.

Unter den neuen Bedingungen, in denen zunehmend einseitige Entscheidungen und technologische Herausforderungen vorherrschen, sind heute geeignete Mechanismen besonders wichtig, um die Konfrontation und Rivalität zwischen den Vereinigten Staaten, Russland und China zu beseitigen. Zwischen den Militärleitstellen und der politischen Führung wären zuverlässige und rund um die Uhr funktionierende Kommunikationskanäle und Vereinbarungen zur Verhinderung von Eskalationen, z. B. zwischen den USA und Russland, notwendig, um Fehlinterpretationen zu vermeiden und schwere Zusammenstöße zu verhindern.

Im Gegensatz zu den Zeiten des Kalten Krieges besteht heute – auch aufgrund zufälliger Zwischenfälle – eine größere Gefahr für eine militärische Konfrontation.

Erste Versuche der USA und Russlands zur möglichen Konfliktverhütung bewähren sich bereits in Syrien. Diese positiven Erfahrungen sollten in der Praxis auf die Beziehungen zwischen Russland und der NATO ausgedehnt werden.

Um jegliche Fehlinterpretation von Handlungen des jeweils anderen in strategischen Fragen generell auch in Zukunft auszuschließen, werden enge Kontakte zwischen den militärischen Führungskräften, das gegenseitige Verständnis der politischen Ziele, der Strategie und Taktik der betreffenden Länder zunehmend lebensnotwendig. Das sind besonders schwierige Aufgaben zwischen Moskau und Washington, aber durchaus erreichbare Ziele, die auch mithilfe regelmäßiger Kontakte zwischen den obersten Militärbehörden und einem ständigen Dialog zwischen den nationalen Sicherheitsräten und Geheimdiensten erreicht werden müssen.

Der beiderseitige Austausch, führt Dimitry Trenin in seinem Artikel in den Carnegie Heften von 31.10.2018 weiter aus, dazu könnte z. B. auch im Rahmen der Verhandlungen über die Erweiterung von „START-3" geführt werden. Sowohl für die amerikanische als auch für die russische Seite zeigt sich der Aufbau einer Partnerschaft gegenwärtig zwar erschwert, doch der mehrstufige Dialog zur strategischen Stabilität wäre an sich schon ein stabilisierender Faktor. Hier sollte auch die russische

Seite ihre Politik transparenter gestalten, um Missverständnisse und falsche Vorstellungen im Westen zu korrigieren, die sich in einer Krise äußerst gefährlich auswirken könnten. Aber auch solche regionale Fragen, wie die Nichtverbreitung von Atomwaffen, insbesondere in Nordkorea und im Iran, bedürfen gemeinsam mit allen Beteiligten einer professionellen Klärung.[105]

---

105 https://carnegie.ru/commentary/77615

Kapitel 15

Handelskriege –
Ausdruck der multi-polaren Welt

Am 31.08.2018 sprach Monika van Bebber im Deutschlandfunk/Kultur darüber, dass zum Thema Welthandel „einiges ins Rutschen gekommen sei". Handelskonflikte verstärkten sich, Zölle und Gegenzölle würden verhängt und es würde bereits von Handelskriegen gesprochen. Im Fokus all dieser unheilvollen Entwicklungen stehe einmal mehr der amerikanische Präsident Donald Trump, der mit seinen Strafzöllen die internationalen Handelsbeziehungen im US-Interesse erheblich durcheinander wirbelte. Zu seinen Hauptzielen China, Iran und die Europäische Union kam inzwischen auch die Türkei hinzu – mit erheblichen wirtschaftlichen Konsequenzen für alle betreffenden nationalen Volkswirtschaften.

In diesem Zusammenhang tauchen sehr viele Fragen auf, für die sich derzeit kaum Ansatzpunkte einer Lösung zeigen. Doch gab es überhaupt jemanden, der Trump in seine Schranken weisen und ihn zu einer für alle nutzbringenden Kooperation bewegen konnte? Haben Handelsbeschränkungen überhaupt einen Sinn und ist ein fairer Welthandel zum Wohle Aller möglich? Lässt sich Chinas Staatskapitalismus mit seinen zweifellos vorhandenen Erfolgen überhaupt beeinflussen? Und: War US-Präsident Trump alleine schuld daran, dass es in der Welt zu Handelskriegen kommt oder sind sie einfach nur der heutigen Zeit mit ihren zahlreichen multiplen Problemen des Zu- und Miteinanders geschuldet?[106]

---

106 https://www.deutschlandfunkkultur.de/turbulente-weltwirtschaft-sind-handelskriege-unausweichlich.1083.de.html?dram:article_id=425672

Die in russischer Sprache in Chicago herausgegebene US-Zeitschrift „7 days" spiegelt in einem Artikel vom 18.08.2018 unter der Überschrift: „Die USA gewinnen den Welthandelskrieg, aber sie siegen noch nicht" die Auffassung russischsprachiger US-Staatsbürger wider. Sie halten die Handlungen des Weißen Hauses für die Weltwirtschaft für unverantwortlich und für eine ernste Bedrohung. Gleichzeitig zweifeln sie in diesem Zusammenhang die Rolle der Welthandelsorganisation WHO, aber auch der UNO und der anderen internationalen Institutionen an und glauben, dass die gegenwärtigen lokalen Krisen in verschiedensten Ländern die Angst vor dem Anfang eines Weltzusammenbruchs provozieren.

Doch war das allein mit der Person Donald Trump verbunden und besteht die Bedeutung seiner Persönlichkeit in der Geschichte darin – wie die Erfahrungen der Vergangenheit zu beweisen glauben – immer in einer bestimmten Rolle zu erscheinen, zur richtigen Zeit und am richtigen Ort?

„Man muss verstehen", behauptet „7 days", „dass es keinen schlechten oder guten Trump gibt. Und in der Wirtschaft überhaupt „keine Rowdys und keine Heiligen" existieren. Trumps Politik und seiner Administration ergab sich aus den Wahlversprechungen und sollte in erster Linie die öffentliche Meinung im Sinne der politischen und wirtschaftlichen Weltmacht USA beeinflussen".

Eines der Hauptprobleme der US-Wirtschaft sieht „7 days" in der Verlagerung teurer aufwendiger Produktionen in Entwicklungsländer, in denen sie noch billiger produzieren können als in Süd-Ost Asien. Sie verlagern z. B. Montagearbeiten, die aber auch US-Staatsbürger arbeitslos machen, eigene Kapazitäten kosten und ihre bisherige wirtschaftliche und politische Macht im

eigenen Land selbst in Gefahr bringen. So sprach laut „7 days"
schon Obama in seiner Antrittsrede über diese Problematik und
wollte ins Ausland verlagerte Arbeitsplätze zurückholen. Doch
selbst im Laufe seiner zwei Amtszeiten kam es zu keiner Lösung.
Der Verlagerungsprozess ging sogar weiter, wie „7 days" betont.
Obamas Administration versuchte durch soziale Programme das
Problem wenigstens zeitweilig zu mildern, was wiederum zu Lasten der Mittelklasse durch höhere Steuern erfolgte und zur Unzufriedenheit der Betroffenen führte. Trump nutzte dann diese
Unzufriedenheit aus, um seine eigene Wirtschaftspolitik mit Hilfe von US-Ökonomen unter der Führung von Professor Peter
Kent-Navarro der Business-School der University of California
populär zu machen. Der der Demokratischen Partei nahestehende Wissenschaftler Kent konstatierte im gleichen Sinn, dass das
Problem der US-Wirtschaft im Verlust der Arbeitsplätze innerhalb der USA und mit der Verlagerung der Industriekapazitä-
ten in andere Länder verbunden ist. Das meinen auch andere
Fachleute. So ist das beispielsweise laut „7 days" auch die Auffassung des Leiters des analytischen Departements der ukrainischen
Consultingfirma ICU, Alexander Valchyshen.

Die schweizerische „Neue Züricher Zeitung" kritisierte schon am
09.11.2016, dass der amerikanische Präsident Donald Trump
kein vollständiges Wirtschaftsprogramm, sondern nur einige
Eckpunkte im Rahmen seines Wahlkampfes vorgestellt hätte.
Im Zusammenhang mit den Arbeitsmarktproblemen versprach
Trump, der „größte jobproduzierende Präsident" der USA zu
werden, „den Gott jemals geschaffen hat" und wolle dazu auch
gleichzeitig die Löhne anheben.

Als eigentlicher Immobilien-Unternehmer hatte er sich vor-
genommen, die amerikanische Staatsschuldenlast von fast
19 Billionen USD abzubauen, die er als unfair gegenüber der

jungen Generation bezeichnete und mit dem eigentlich lobenswerten Versprechen „Wir werden Euch nicht damit alleine lassen", Defiziten im Staatshaushalt ein Ende zu bereiten. Dazu wurden umfangreiche Steuersenkungen, sowohl für die Konzerne als auch für Familien und Normalverdiener angekündigt und von der größten „Steuer-Revolution" seit der Reform von Präsident Ronald Reagan in den 1980er Jahren gesprochen. Um amerikanische Arbeitsplätze zu sichern, wolle Trump die Zölle auf im Ausland hergestellte Produkte anheben und die US-Wirtschaft stärker gegen fremde Konkurrenz schützen. In diesem Zusammenhang lehnte Trump auch das angestrebte transatlantische Freihandelsabkommen zwischen den USA und der Europäischen Union (TTIP) ab. Das geltende Nordamerikanische Freihandelsabkommen „Nafta" sei neu zu verhandeln und die TPP-Handelsvereinbarung mit den asiatischen Staaten aufzukündigen. Interessant waren auch Trumps Versuche, die Handelsbeziehungen zu China grundlegend zu verändern, dem er vorwarf ihre Währung zu manipulieren, um im Handel Vorteile zu erlangen. Verhandlungen darüber sollten das Land zwingen, um die seiner Meinung nach „illegalen" Exportsubventionen durch die Volksrepublik zu verhindern. Selbst im Bereich Energie- und Klimapolitik kündigte Trump eine Kehrtwende an, in dem er die USA von den ehrgeizigen Klimaschutzvereinbarungen von Paris ausschließen und die Umwelt- und Emissionsvorschriften lockern wollte, um wieder fossile Energieträger verstärkt einsetzen zu können. „Wir werden die Kohle retten", sagte Trump und schätzte selbst die allgemein umstrittene Fracking-Energiegewinnung positiv ein. Dabei ginge es auch darum, die Infrastruktur des Landes – Straßen, Brücken, Flughäfen und Häfen – mit Milliarden Dollar zu erweitern und zu modernisieren. Die zusätzliche Finanzierung sollte erfolgen, in dem die

US-Verbündeten Länder zusätzlich Kosten für Sicherheit und Verteidigung in der Welt übernehmen, um den amerikanischen Verteidigungshaushalt zu entlasten.

Neben all diesen Maßnahmen, um wirtschaftliche und politische Dominanz zu erreichen bzw. zu bewahren, versprach Trump mit Hilfe eines Moratoriums die staatlichen Vorschriften zu vereinfachen, um jede weitere Regulierung durch die Behörden in seinem Sinn steuern zu können.[107] Aus dieser aktuellen US-Position heraus war z. B. die Anhebung des Diskontsatzes durch das US-Federal Reserve-System nach Meinung von Alexander Valchyshen ein Instrument, um zusätzliche Gelder für die US-Wirtschaft zu gewinnen und neue Arbeitsplätze zu schaffen.

Die Publikation „7 days" berichtete, dass amerikanische und auch europäische Firmen ihre Produktion, vor allem nach Asien und in erster Linie nach China verlagerten, um billiger zu produzieren. Zahlen sprechen aber auch davon, das auf diese Weise als Nebeneffekt auch ein starker Handels- und geopolitischer Rivale aufgebaut wurde. Nach Angaben aus dem Jahre 2018 betragen die Volumina der chinesischen Wirtschaft 13 Billionen USD und der USA 19 Billionen USD.

China könnte nach Meinung von Alexander Valchyshen im Gegensatz zu den USA eine durchaus flexiblere Preispolitik durchsetzen, weil es weniger von der Willenserklärung der Wähler abhängig ist als die Vereinigten Staaten, und sich so sein Handel auf den Außenmärkten bedeutend aggressiver ausweiten ließe. Die Abwertung der chinesischen Währung nach dem Börsencrash 2015 hatte zur Folge, dass der Einfluss auf dem US-Markt wuchs

---

107 https://www.nzz.ch/wirtschaft/aussagen-aus-dem-wahlkampf-donald-
   trumps-wirtschaftsprogramm-ld.127414

und wesentlich daran beteiligt war, Voraussetzungen für den heutigen Welthandelskrieg zu schaffen.[108]

Das war auch die Schlussfolgerung der Experten der „Berliner Stiftung Wirtschaft und Politik", die über die dritte Entscheidung der USA berichteten, laut der seit dem 6. Juli (Laura von Daniels in SWP-Aktuell, 2018/A 40, Juli 2018) über 25 Prozent Zoll auf chinesische Importe – zunächst auf Waren im Wert von etwa 34 Milliarden US-Dollar – erhoben wurden. Das US-Wirtschaftsministerium begründet den Schritt u. a. mit „unfairen Handelspraktiken", wie dem Diebstahl geistigen Eigentums und von chinesischer Seite erzwungenem Technologie-Transfer, welcher US-Unternehmen den Marktzugang erschwerte.

Die Berliner „Stiftung Wissenschaft und Politik" schreibt, dass die Maßnahmen der US-Regierung seit Beginn des Jahres gegen ihre Handelspartner nicht überraschend kämen. Schon in seiner Handelsstrategie vom März 2017 kündigte Präsident Trump an, dass die USA bereit sind, ihre Interessen ohne große Rücksicht auf internationale Handelsregeln durchzusetzen. Inzwischen setzte Washington eine Eskalationsspirale in Gang, die durch protektionistische Zölle und Gegenmaßnahmen ihrer Handelspartner weltweit Warenströme von über 850 Milliarden Euro erfassen. Mit den bereits umgesetzten handelspolitischen Maßnahmen verfolgte der US-Präsident – dem oft ein erratischer Politikstil nachgesagt wurde – jedoch sehr gezielt seine innen- und außenpolitischen Ziele. Als erstes führten die USA am 22. Januar 2018 Schutzzölle in Höhe von 20 bis 50 Prozent, sowie Einfuhrquoten für Waschmaschinen und Solaranlagen-Module ein, die ein Handelsvolumen von rund 10 Milliarden US-Dollar

---

108 https://7days.us/ssa-vyigryvaut-v-mirovoj-torgovoj-vojne-no-poka-ne-pobezdaut

beträfen. Sie wurden von US-Wirtschaftsminister Wilbur Ross mit dem Schutz heimischer Industrien vor preisgünstigeren Importen begründet. Trump konnte die Zölle auf Basis nationaler Gesetzgebung (Abschnitt 201 des US Trade Act von 1974) ohne Zustimmung des Kongresses festlegen. Damit setzte er sich auch erfolgreich gegen Kritiker aus den Reihen der Republikaner durch, die traditionell für einen Freihandel eintreten. Die zweite schwerwiegende Zollentscheidung folgte kurz darauf. So führte die US-Regierung am 8. März Zölle von 25 Prozent auf Stahl- und 10 Prozent auf Aluminiumimporte ein.[109]

Aber auch die US-Bemühungen, ausländische Firmen auf ihren Sanktionskurs zu zwingen, bereitete zunehmende zusätzliche Probleme. In diesem Zusammenhang stellte das „Handelsblatt" kritisch fest, dass dadurch nicht nur die Wachstumsperspektiven der deutschen Wirtschaft, sondern bereits ihre Substanz geschädigt wird. Es geht dabei u. a. auch um die Fortsetzung der US-Sanktionen gegen den Iran und um die Versuche, das Erdgasprojekt „Nord Stream 2" zu verhindern, dass den Bestrebungen, amerikanisches Erdgas nach Europa zu verkaufen, entgegensteht.[110]

„Der Ausstieg der USA aus dem Atomabkommen mit dem Iran, steht im Zusammenhang mit der Fortsetzung der seinerzeit im Januar 2016 gelockerten, beziehungsweise aufgehobenen US-Sanktionen", wie das „Manager Magazin" vom 8. Mai 2018 konstatiert.

In einer neuerlichen Erklärung kündigte US-Präsident Donald Trump sogar noch schärfere Sanktionen an. Dazu zählten z. B. weitergehende Aktivitäten des US-Finanzministeriums durch

---

109 https://www.swp-berlin.org/publikation/die-handelspolitik-der-us-regierung/
110 www.handelsblatt.com/politik/international/handelsstreit-us-sanktionen-treffen-freund-und-feind-nord-stream-2-akut-in-gefahr/22988680.html

das „Amt zur Kontrolle ausländischer Vermögenswerte, OFAC (Office of Foreign Assets Control)". Auch für deutsche Unternehmen stellten sich nun entscheidende Fragen nach den Auswirkungen der Wiedereinführung der US-Sanktionen auf ihre iranische Geschäftstätigkeit. Doch inwieweit müssen deutsche Firmen den amerikanischen Sanktionen folgen? Mit welchen Konsequenzen haben sie zu rechnen? Möglicherweise werden sie sogar zu einem totalen Rückzug aus dem iranischen Markt gezwungen? Oder verbleiben dem Unternehmen noch Geschäftsbereiche, die den amerikanischen Interessen nicht entgegenstehen?[111]

Um Probleme mit der Erdgasleitung „Nord Stream 2" ging es in erster Linie auch am 3. September 2018 beim Besuch des stellvertretenden Direktors für Politikplanung im US-Außenministerium und Spezialist für Handelssperren und andere wirtschaftspolitische Zwangsmaßnahmen, David Tessler, im Auswärtigen Amt, im Finanz- und im Wirtschaftsministerium sowie im Kanzleramt in Berlin. Das „Handelsblatt" sah zu Recht, dass das Projekt „Nord Stream 2" den Amerikanern ein Dorn im Auge ist, und das Sanktionsgesetze möglichst verhindert werden sollen.

Das Blatt bezweifelte allerdings auch die Möglichkeit der deutschen Bundesregierung, die Amerikaner von ihrem Kurs abzubringen.[112]

Doch noch im Juli 2018 – vor den Handelsgesprächen von EU-Kommissionschef Jean-Claude Juncker in den USA – erklärte Bundesaußenminister Heiko Maas gegenüber der Funke-

---

111 http://www.manager-magazin.de/politik/weltwirtschaft/iran-was-deutsche-firmen-nach-donald-trumps-entscheidung-beachten-sollten-a-1207755.html
112 https://www.handelsblatt.com/politik/international/handelsstreit-us-sanktionen-treffen-freund-und-feind-nord-stream-2-akut-in-gefahr/22988680.html

Mediengruppe: „Die EU muss sich wehren und darf sich nicht erpressen lassen". Er mahnte die Europäische Union erneut, sich nicht von US-Präsident Donald Trump „bedrohen" zu lassen. Sie, die EU, müsse zusammenhalten und sich gemeinsam selbstbewusst gegen Strafzölle wehren: „Wir müssen der Methode Trump Grenzen setzen." Er, Trump, soll sehen und verstehen, dass er Europa nicht spalten kann, und dass auch die USA nur verlieren „wenn wir uns gegenseitig mit Strafzöllen überziehen". Unterstützung erhielt der deutsche Außenminister auch aus Japan, das gemeinsam mit Deutschland die eigentlich bestehende internationale Ordnung gegen zunehmende nationale Alleingänge verteidigen will. Mit seinem japanischen Kollegen Taro Kono vereinbarte er bei einem Treffen in Tokio eine engere Zusammenarbeit in den Bereichen Freihandel, Klimaschutz und allgemeine Menschenrechte. Dazu wollen beide Wirtschaftsmächte in den Staatengruppen G7 und G20 sowie in den Vereinten Nationen noch enger als bisher kooperieren.

Bereits im August 2018 forderte der deutsche Außenminister gleichfalls zu dieser Thematik im „Handelsblatt", dass die Partnerschaft zwischen den USA und Europa neu vermessen werden müsste. „Wir sollten dort ein Gegengewicht bilden, wo die USA rote Linien überschreiten", so heißt es in seinem Kommentar. „Washington müsse verstehen, dass Europa nicht zulässt, das über seine Köpfe hinweg zu seinen Lasten gehandelt werde", schreibt der deutsche Außenminister im Hinblick auf die US-Entscheidung, aus dem Nuklearabkommen mit dem Iran auszusteigen. Daher sei es richtig gewesen, europäische Unternehmen rechtlich vor Sanktionen zu schützen und es sei unverzichtbar, „dass wir die europäische Autonomie stärken, indem wir von den USA unabhängige Zahlungskanäle einrichten, einen Europäischen

Währungsfonds und ein unabhängiges Swift-System aufbauen. Unter Umständen werde die EU zudem mehr Gewicht dort einbringen müssen, wo sich die USA zurückzögen.[113]

Als besonders wichtig ist deshalb auch der Abschluss zweier Abkommen zur wirtschaftlichen und strategischen Zusammenarbeit zwischen Japan und der Europäischen Union zu sehen, mit denen unter anderem die größte Freihandelszone der Welt geschaffen wird. Beide Seiten wollen so ein Signal gegen die Abschottungspolitik der USA setzen.[114] Doch es bleibt abzuwarten, ob die europäischen Politiker genug Mut und Rückgrat besitzen, um die Interesse der eigenen Länder gegen die starken Amerikaner zu verteidigen.

Diese und andere großen wirtschaftlichen und politischen Bewegungen sorgen in der Welt für großes Unbehagen. Im erwähnten Buch „The Clash of Civilizations and te Remaking of World Order" bezeichnet Samuel Huntington „die wirtschaftlichen Veränderungen, besonders in Ostasien, weltweit zu den bedeutendsten Entwicklungen in der zweiten Hälfte des 20. Jahrhunderts.

Ökonomisches Wachstum erzeuge politische Instabilität innerhalb eines Landes und zwischen Ländern, weil es das Gleichgewicht der Macht zwischen Ländern und Regionen verändert".[115]

Zum Verständnis der multipolaren Welt erläutert Samuel Huntington, das die wirtschaftliche Entwicklung die asiatische Staaten zur Expansion ihres militärisches Potenzials befähigt und gleichzeitig die Intensität von Konflikten zwischen der asiatischen

---

113 https://de.sputniknews.com/politik/20180821322036873-usa-swift-eu-heiko-maas/
114 https://www.tagesschau.de/ausland/maas-juncker-trump-101.html
115 Samuel P. Huntington „Kampf der Kulturen", Verlag Goldmann, München/ Mai 2002, S. 350

Gemeinschaft und dem Westen, in erster Linie mit den USD fördert. Es müsse davon ausgegangen werden, dass ähnliche Entwicklungen in Südamerika und Afrika früher oder später zu beobachten sind. Wie es die amerikanische Handelspolitik zeigt, tritt auch heute der Westen noch immer nicht als Einheitsfront auf und erweitert zwangsläufig die Kluft zwischen den USA und Europa.

Diese Bestätigung ist für Putin in zwei Punkten bedeutend. Einmal ist das ein Zeichen für die Tatsache, dass die Handelskriege die multipolare Welt fördern.

Zum zweiten ist das ein Versuch, Europa von den USA zu trennen. Wie schrieb in diesem Zusammenhang die „Welt": „Auf dem Wirtschaftsforum in St. Petersburg (gemeint ist das Forum im Juni 2019) demonstriert Wladimir Putin, dass er auf China als Partner setzen kann, wenn die Europäer ihre Sanktionen nicht beenden".[116] Im Grunde genommen bedeutet das, dass Putin noch nicht auf die Idee verzichtet hat, Europa als Partner gegen die USA zu gewinnen.

---

116 https://www.welt.de/wirtschaft/article194966075/Petersburger-Wirtschafts-forum-Putin-spielt-China-gegen-Europa-aus.html

Kapitel 16
Russland versucht finanzielle Sanktionen zu umgehen

In den Kapiteln 9 und 10 wurde über die verschiedenen Strukturen berichtet, die während der Regentschaft Putins in der Welt
entstanden sind. Putin war in diesem Zeitraum zumindest an solchen wichtigen neuen Vereinigungen, wie der „Eurasischen Wirtschaftsgemeinschaft, der OVKS", der „Neuen Seidenstraße" und
der BRICS wesentlich beteiligt. Für ihn gehört die wirtschaftliche
Integration heute zu den wichtigsten primären Zielen Russlands,
um gegen die Sanktionen bestehen zu können. Diese Integrati-
onsmodelle haben für Russland grundsätzliche Bedeutung, damit
sich das Schicksal der untergegangenen UdSSR nicht wiederho-
len kann.

Grafik: Michail Mitin

In dem im Kapitel 11 bereits erwähnten amerikanischen Artikel aus „7 days" wird betont, dass sich Russland mit allen zur Verfügung stehenden Mitteln rund um die Uhr gegen US-Sanktionen verteidigt, die sich gegen die Existenz des Staates richten. Der US-Sender „The Christian-Science Monitor" veröffentlichte Ende August 2018 unter dem Titel „Why Russia isn't flinching at snowballing US sanctions" einen Artikel des kanadischen Journalisten und Russland-Experten Fred Weir. Er glaubt jedenfalls nicht daran, dass die USA die Wirtschaftssanktionen gegen Russland beenden wollen. Während die ersten Maßnahmen im Ergebnis der Krimannexion erfolgten und Russland damit gezwungen werden sollte, seine Ukrainepolitik zu ändern, gibt es heute eine ganze Reihe weiterer Begründungen für eine Verschärfung der Situation. So wird jeglicher Technologietransfer unterbunden, aber auch US-Investitionen in russische Energieprojekte und USD-Transaktionen für russische Banken verboten. Auch deshalb bezeichnet Putin diese Handlungen „als ernsten Wirtschaftskrieg".[117]

Vor allem im Finanzbereich konnte Russland bisher nur wenig gegen die US-Sanktionen ausrichten. Doch die Tatsache, dass die USA gleichzeitig Sanktionen gegen den Iran und Türkei planen und auch Europa bei Nichterfüllung ihrer Forderungen bedrohen, verschafft Russland zahlreiche Sympathien in anderen Ländern und hilft schädliche Auswirkungen zu vermindern. Solche Möglichkeiten, so meint „7 days", gab es vor vier Jahren noch nicht, als die Probleme mit dem USD gleichfalls dringender Lösung bedurften.

Erst im Verlauf des Jahres 2018 konnte die russische Zentral-

---

117 https://www.csmonitor.com/World/Europe/2018/0829/Why-Russia-isn-t-flinching-at-snowballing-US-sanctions

bank allmählich das Problem mit ihren US-Wertpapieren lösen. Es ging dabei um von der russischen Zentralbank gekaufte US-Staats-Anleihen. Deutlich gesagt: Russland bezahlte Dollar und bekam dafür Papier. Schlussendlich verkauft Russland Öl gegen digitale Nullen in einem amerikanischen Computer und verschafft so der Federal Reserve Bank (FED) durch dieses System die Möglichkeit, in die russische Finanzwirtschaft massiv einzugreifen. Nachdem sich Russland von einem großen Teil seiner US-Anleihen trennte, wird auch sein Ausscheiden aus der Top-30-Liste der Kreditgeber der Vereinigten Staaten verständlich. Analysten meinen dazu, dass die russische Zentralbank das Geld aus dem Verkauf in chinesische Anleihen und Gold reinvestieren könnte.[118]

Auch die Süddeutsche Zeitung berichtet über den Verkauf eines großen Teils der russischen US-Staatsanleihen. Gegenwärtig ist allerdings das gesamte Volumen dieser Verkäufe weitgehend unbekannt.[119]

„7 days" vermutet, dass die US-Staats-Anleihen in Russland durch intensive Verkäufe um 85 Mrd. USD gekürzt wurden. Das Edelmetall Gold und die nationale chinesische Währung sei für Russland Garantie gegen US-Versuche, das Land noch weiter zu schwächen. Doch auch dank steigender Erdölpreise konnte Russland seine Valutareserven sogar bis auf 450 Mrd. USD vergrößern. Es ist allerdings nicht zufällig, dass auch einige andere Länder ihre US-Staatsanleihen verkaufen. So erreichten beispielsweise die US-Staatsanleihen in chinesischer Hand zuletzt den

---

118 http://www.anonymousnews.ru/2018/07/23/genialer-schachzug-putin-stoesst-us-anleihen-ab-und-setzt-dollar-unter-druck/
119 https://www.sueddeutsche.de/wirtschaft/dax-abstieg-drueckt-commerzbank-ins-minus-1.4120158

niedrigsten Stand seit Januar 2013. Großbritannien trennte sich nach dem Brexit – Votum von 10 Prozent seiner Bestände, wie „Goldreporter.de" zu berichten weiß.

Das US-Finanzmistierium veröffentlichte beispielsweise per Ende Juli 2016 die wichtigsten ausländischen Halter von US-Staatsanleihen.

Daraus geht hervor, dass China als größter Auslandsgläubiger Anleihen im Nominalwert von 22 Milliarden US-Dollar abgestoßen hat. Insgesamt sank die US-Auslandsverschuldung in Form von Staatsanleihen im Juli um 0,55 Prozent auf 6247,9 Milliarden US-Dollar.[120]

Diese Versuche, die Finanzstabilität unter der drohenden Verschärfung der Sanktionen zu erreichen, haben für die russische Bevölkerung weitreichende Folgen. Wie „The Christian Science Monitor" schreibt, „werden die russischen Bürger für die Vergrößerung der Gold- und Valutareserven bezahlen". Die russische Zentralbank weigerte sich ursprünglich, die eigene Währung zu unterstützen, so dass ihr Wert seit Anfang der Krise von 30 auf 70 Rubel pro USD gefallen ist. Das hat zwar den Export angekurbelt, sich aber negativ auf die Kaufkraft der Bevölkerung ausgewirkt.

Heute tritt die Zentralbank für eine stabile Währung ein und erklärt der Inflation den Krieg. Dafür zögerte sie sehr lange, den Zinssatz zu senken. Das hat die Kredite in Russland enorm verteuert. Für Verbraucherkredite beträgt der Zinssatz bereits 12 Prozent, so dass es in Russland immer schwieriger wird, private Geschäfte zu eröffnen oder Wohnungen auf Raten zu kaufen. Erst jetzt sieht

---

120 https://www.goldreporter.de/china-und-grossbritannien-stossen-us-staatsanleihen-ab/news/61066/

sich die Zentralbank angesichts der Verlangsamung des wirtschaftlichen Wachstums veranlasst, den Zinssatz etwas zu senken.

Solche unpopuläre Maßnahmen, wie die Erhöhung der Mehrwertsteuer um 2 Prozent seit dem 1. Januar 2019, werden erst langsam die Inflationsentwicklung beeinflussen. Wenn Russland zu SWIFT keinen Zugang haben wird, ist bereits ein Ersatz für ein nationales Zahlungssystem zwischen den Banken entstanden.[121]

Die Chinesische Internetausgabe „Ifeng.com" meint am 15.08.2018, „dass der scharfe Sturz des Rubels Russlands Absicht festigte, die Politik der USD-Ablehnung zu verlängern." War früher die Abkehr vom Dollar als äußerste Maßnahme gedacht, so wird heute vermutet, dass eine Entscheidung für die Unabhängigkeit vom USD bereits gefallen ist. Der Verkauf von 84 Prozent der US-Staatsanleihen und die Vergrößerung der Goldvorräte, die mit 2000 Tonnen 17 Prozent aller russischen Valutareserven betragen, sprechen bereits dafür. Der Umfang der US-Staatsanleihen verringerte sich in Russland von 96,1 Mrd. im März 2018 (17 Mrd. 2010) bis auf 14,9 Mrd., nur zwei Monate später. Nach Aussage des russischen Finanzministers, Anton Siluanow, wolle Russland künftig im Außenhandel auf Rubel, Euro und Yuan setzen.

Im Erdölhandel gibt es allerdings noch keine endgültige Antwort, die zum Beispiel zwischen Russland und dem Iran auf Grundlage der russischen Währung erfolgen sollte. Nach Auffassung der Chinesischen Internet-Ausgabe „Ifeng.com" wird erwartet, dass sich künftig immer mehr Länder vom Dollargeschäft trennen werden.[122]

---

121 https://www.csmonitor.com/World/Europe/2018/0829Why-Russia-isn-t-flinching-at-snowballing-US-sanctions
122 http://finance.ifeng.com/a/20180815/16449001_0.shtml

Eine andere chinesische Veröffentlichung (sohu.com) gibt die Meinung eines führenden Ökonomen des Forschungsinstitutes „High Frequency Economics, Carl Weinberg wieder, dass die Erdölpreise bald in Yuan festgelegt werden. Russland und China hätten sich bereits im Erdölbereich vom Dollarhandel getrennt und würden den Goldabbau und die Goldakkumulation intensivieren, um sich gegen den USD zu wehren. In diesem Zusammenhang schätzen der „Singapurtrader" Bullion Star und der Experte für Edelmetall, Ronan Manly, den Aufbau von Goldreserven durch Russland und China als einen Schritt zur Befreiung von der Regelung der Weltwirtschaft durch den USD. Die Rückkehr zum Goldstandard beweist auch das Ansteigen der gemeinsamen Goldreserven von Russland und China, das von offiziell etwa 400 Tonnen vor zehn Jahren auf heute bereits 670 Tonnen anwuchs.

„Bereits seit 2013 bemüht sich auch die deutsche Bundesbank jedes Jahr darum, deutsches Gold tonnenweise auf geheimen Wegen zurückzuholen, das sich zum Teil noch in den USA und in Großbritannien befindet", wie die „Deutsche Welle" berichtet. 50,6 Prozent der deutschen Goldreserven lagern nun in Deutschland. Dieses Ziel hatte sich die Deutsche Bundesbank 2013 gesetzt – spätestens im Jahr 2020 sollte es erreicht sein. „Das gesamte Lagerstellenkonzept wurde damit insgesamt rund drei Jahre vor dem geplanten Termin abgeschlossen", sagte Bundesbankvorstand Carl-Ludwig Thiele vor Vertretern der Presse.[123]

Nicht zufällig drückt Deutschland dabei aufs Tempo. Gold gilt auch hier als Absicherung in Zeiten der Wirtschaftsinstabilität. So vermeldete die Bundesbank auf öffentlichen Druck bereits vor vier Jahren, bis spätestens Ende 2020 mindestens die Hälfte

---

123 http://www.bundesbank.de/de/aufgaben/themen/bundesbank-schliesst-goldverlagerung-vorzeitig-ab-644174

der deutschen Goldreserven von derzeit 3378 Tonnen in eigenen Tresoren im Inland aufzubewahren. „Weitere Verlagerungen wird es nicht geben", betonte Thiele. Das gelte auch für die Bestände in den USA, wo aber 1236 Tonnen noch in New York bleiben sollen. Es gebe keine Notwendigkeit und keine Diskussion, das Konzept nach dem Amtsantritt von US-Präsident Donald Trump zu ändern.[124]

Die „Chinese Business Wisdom" berichtet, das nach den Daten von „World Gold Council", die USA mit ihren Beständen bis Dezember 2017 mit damals 8133,5 Tonnen – drei Viertel der Weltgoldvorräte – den ersten Platz einnehmen. Dabei muss allerdings berücksichtigt werden, dass mehr als 60 Länder ihre Goldreserven voll oder teilweise in den USA lagern, allein 600 Tonnen chinesisches Gold wurde 1990 an die USA übergeben.[125]

Die russische Ausgabe der Deutschen Welle stellte die Frage nach den Folgen eines Verzichtes Russland und der Türkei auf den USD im beiderseitigen Handel. Es ist deshalb auch nicht verwunderlich, wenn die Außenminister beider Länder die Schritte der US-Regierung verurteilen. Moskaus Vorgehen wird in diesem Zusammenhang für seine Verbündeten und Partner zur Nachahmung durchaus interessant.

Erdogan sprach bereits im Dezember 2016 darüber, künftig im Handel mit China, Russland und Iran nationale Währungen zu benutzen. In diesem Zusammenhang stellt sich die Frage, wie russische Lieferanten mit der abgewerteten türkischen Lira und dem dadurch entstehenden Valutarisiko umgehen sollen, denn bekannter Weise ist die Türkei nach Deutschland zweitwichtigster

124 https://www.dw.com/de/bundesbank-holt-goldreserven-schneller-heim/ a-37472553 125
125 http://m.sohu.com/a/215884694_148882

Abnehmer von russischem Erdgas, nach Ägypten zweitgrößter Käufer von Weizen sowie Hauptkunde für Metalle- und entsprechende Erzeugnisse. Doch die Türkei verfügt nicht über ausreichende russische Geldmittel. Nach Schlussfolgerungen der Agentur, käme dann nur der Euro infrage. Das würde auch die Euro-Zone weiter festigen und die europäische Währung aufwerten.[126] Wichtig ist in diesem Zusammenhang, dass die EU angeblich bereit wäre im Handel mit Russland statt USD mit Euro zu bezahlen.

Auf jeden Fall wurde diese Perspektive auf dem jüngsten Treffen im Juni 2019 zwischen Maros Sefcovic, Energie-EU-Vize-Präsident, und dem russischen Ersten Vize-Ministerpräsident Anton Siluanow besprochen.[127]

Das chinesische Internet Portal „ifeng.com" meldete am 06.09.2018, das sich Russland darauf vorbereite, den USA das „Gefühl für den Verlust der Weltherrschaft" zu vermitteln. Schon seit der zweiten Hälfte 2017 kaufte die russische Zentralbank in kürzester Zeit 79 Mrd. Yuans (12 Mrd USD).

Kein anders Land der Welt hat in einem so kurzen Zeitraum derartig hohe Geschäfte getätigt. Das Portal geht davon aus, dass der chinesische Währungsanteil an den russischen Valutareserven dadurch von 1 Prozent auf 2,8 Prozent gewachsen ist und der Yuan-Anteil, inclusive Goldbestand, insgesamt mehr als 20 Prozent der russischen Valutareserven beträgt. Praktisch der Versuch, vom USD-Geschäft Abschied zu nehmen! Natürlich ist hier in erster Linie die Intensivierung der Handelsbeziehungen mit China die Hauptursache, das inzwischen zu den größten Käufern

---

126 https://www.dw.com/de/russland-stC3A4rkt-der-tC3BCrkei-im-streit-mit-den-usa-den-rC3BCcken/a-45081865
127 http://www.ng.ru/news/649827.html

russischen Erdöls zählt und Europa auf Platz 2 verdrängt hat. Auch im Gasgeschäft mit China ist Russland – im Gegensatz zu den USA – weiter vorangekommen.[128]

Der bisherige Verlauf der Geschichte des USD als Leitwährung liegt allerdings nicht nur in dem den Goldstandard ersetzenden Bretton-Woods-System. Folgt man dem Vermögens-Cockpit „Globalance", so wuchs die Bedeutung des US-Dollar als weltweite Leitwährung unter anderem so mächtig, weil mit der Ablösung des Goldstandards 1971 zeitgleich auch die sogenannte Petrodollar-Vereinbarung abgeschlossen wurde. Im Austausch für militärischen Schutz verpflichteten sich Saudi-Arabien und die OPEC, nur noch US-Dollars für die Lieferung von Öl zu akzeptieren. Diese besondere Stellung seiner Währung erlaubte es den USA, selbst große Handelsdefizite ohne negative Folgen, trotz jahrelanger Liquiditätsprobleme und ohne nennenswerte inflationäre Auswirkungen, in Kauf zu nehmen. Doch nach all den Bewegungen im politischen Weltgeschehen steht inzwischen die Frage im Raum, wie lange dieser Sonderstatus noch andauern wird.

---

128 http://finance.ifeng.com/a/20180906/16489690_0.shtml

Kapitel 17
Kampf um Technologien und Vorherrschaft

In manchen Köpfen gilt Russland immer noch als ein rückständiges Entwicklungsland trotz seiner Atomgewalt. Ein verzerrtes Bild, das so gar nicht zur Wirklichkeit passt, wenn man genauer hinsieht. Denn wer in der Lage ist, die Atomenergie sowohl für friedliche als auch für kriegerische Zwecke zu nutzen, muss sich auf eine moderne Industrie, ein hohes Niveau der Wissenschaft und kluge Fachleute verlassen können.

Während der „Perestroijka" von Gorbatschow bis zu Jelzin bestand in Russland das Problem, dass sich zahlreiche Betriebe mit hohem technologischen Niveau und klugen Fachleuten, statt auf Atomkraft, Raketen und die Landesverteidigung auf den damals vernachlässigten Konsumgüterbereich konzentrieren mussten, um in der neuen Marktwirtschaft zu überleben. Das Land fühlte sich allein gelassen und musste mit allen Mitteln versuchen, den Anschluss an das technologische Weltniveau zu erreichen. Selbst der WHO-Beitritt Russlands geschah in der Hoffnung, an der internationalen Arbeitsteilung teilzunehmen und führte im Endeffekt dennoch zur Schwächung der eigenen Forschung in bestimmten hochtechnologischen Produktionsbereichen. Auch auf anderen Gebieten, z. B. bei der Entwicklung und Herstellung von hochwertigen Metallteilen für die Autoindustrie, gab es Rückschläge, weil sie angeblich überflüssig und aufgrund des Zollabbaus durch billigere, allerdings minderwertige Metalle ersetzt wurden.[129]

---

129 http://www.mashportal.ru/machinery_russia-31008.aspx

Doch die seit 2014 wirksamen Sanktionen machten die einstigen Hoffnungen auf die Teilnahme an der internationalen Arbeitsteilung endgültig zunichte. Die folgenden internationalen Konflikte, wie das Ukraine-Problem und andere politische und wirtschaftliche Einschränkungen, wirkten sich auf die bis dahin existierende Arbeitsteilung in bestimmten Branchen, z. B. zwischen einzelnen Länder des postsowjetischen Raumes und mit einzelnen europäischen Staaten aus und führten z. B. bei Hubschrauber-Motoren, Spezialausrüstungen oder Turbinen zu problematischen Engpässen.

Wie das Moskauer Zentrum für makroökonomische Analyse und Prognostizierung dazu berichtete, wurde Russland besonderes in den Branchen Pharmazeutika, medizinische Ausrüstungen, Elektrotechnik, Maschinen und spezielle Ausrüstungen vom Hochtechnologie-Import abhängig. In den Bereichen der Computertechnologie, Software sowie der Radioelektronik, gab es dagegen weniger Probleme, da hier China zu den Hauptpartnern Russlands gehört.[130]

Am 31. Juli 2017 analysierte die russische Ausgabe der „Deutschen Welle" im Beitrag „Drei Jahre unter Sanktionen" die Folgen. Sowohl europäische als auch US-Sanktionen trafen hier den russische Rohstoffsektor und den Energiebereich am empfindlichsten. So wurde es zum Problem, das Russland keine eigenen Bohrinseln betrieb und somit auch keine spezialisierten seismischen „3D-Vermessungsschiffe" besaß. Das behinderte wiederum für russische Erdölfirmen langfristig Untersuchungen in der Schelfforschung, was notwendig ist, um neue Erdölvorkommen zu finden.

---

130 https:// foresight-journal.hse.ru/2016-10-1/178893501.html

Aber auch in den anderen Bereichen, im militärisch-industriellen Komplex und in weiteren hochtechnologischen Branchen, wie z. B. der Mikroelektronik, machte sich das Fehlen westlichen Know-hows bemerkbar.

In diesem Zusammenhang ist für Russland der östliche Nachbar China von besonderem Interesse, der – nach wie vor – einen umfangreichen Zugang zu den US-Technologien besitzt. Martin Feldstein, Wirtschaftsexperte und Vorsitzender von „Council of Economic Advisers" beim damaligen US-Präsidenten Reagan schrieb im „The Wall Street Journal" schon damals, dass China von auf ihrem Territorium tätigen US-Firmen grundsätzlich den Zugang zu ihren Technologien forderte. Nach Meinung von Feldstein benutzen die Chinesen das auf diese Weise erhaltene Know-how, um mit den US-Firmen in der ganzen Welt wettbewerbsfähig zu bleiben. Der faktische Diebstahl von amerikanischen Technologien, so betont Feldstein, ist ein altbekanntes Problem. Schon 2013 legte US-Präsident Obama auf einem amerikanisch-chinesischen Treffen in Kalifornien Beweise über zahlreiche Hacker-Angriffe auf Server von US-Firmen vor.[131]

Doch auch die Produktionsstätten deutscher und anderer europäischer Firmen auf russischem Territorium stehen in gewisser Weise gleichfalls mit dem Technologietransfer-Problem in Verbindung. Das bewies ein Vorkommnis im Jahre 2017 bei der Lieferung von Gasturbinen an die Krim. Angeblich wurden dort, im Rahmen eines deutsch-russischen Joint Ventures, mit nach Siemens-Technologien hergestellte Turbinen für Gaskraftwerke, die EU-Sanktionen umgangen.

---

131 https://www.wsj.com/articles/the-useand-tariffs-1530830404

Die „Faz.net" konstatiert dazu, dass dieses Beispiel nach Ansicht von Experten aber auch die Grenzen der Sanktionen aufzeigt, da es in der EU keine Behörde gebe, um sie im Zweifel auch durchzusetzen. Dafür seien die einzelnen Mitgliedstaaten zuständig.[132]

Sicher ist die gegenwärtige Einschätzung der Situation kompliziert und wenig optimistisch. Andererseits zeigte die jüngste Hannover Messe, wie Russland erfolgreich versucht, auch im High-Tech-Bereich auf dem Weltmarkt voran zu kommen. Die „Moskauer Deutsche Zeitung" berichtet in diesem Zusammenhang, dass auf insgesamt fünf Leitmessen – „Integrated Automation", „Motions & Drives (IAMD)", „Digital Factory", „Industrial Supply", „Energy und Research & Technology" – 2018 über 5800 Aussteller aus 75 Ländern ihre technischen Innovationen präsentierten, für die sich auch Moskau besonders interessierte. Auf vier der fünf Ausstellungen präsentierte sich Russland in diesem Jahr mit 66 Unternehmen und Forschungseinrichtungen – darunter 32 aus Moskau – und einer Verdreifachung der Ausstellungsfläche gegenüber dem Vorjahr. Die Stadt Moskau und die Republik „Tatarstan" waren dort mit eigenen Ständen vertreten. Russische Unternehmen werden seit 2015 auf Messen und Ausstellungen von dem staatlichen „Russian Export Center (REC)" betreut, die einen guten Querschnitt ihrer aufkommenden Leistungsfähigkeit demonstrieren. Neuste Exponate zeigen innovative Alarm- und Sicherungsanlagen für Kraftfahrzeuge, Superkondensatoren aus nanoporösen Kohlenstoffmaterialien und Software-Systeme für die Überwachung von Hochspannungsleitungen, bis hin zu Systemen für intelligente und umweltfreundliche Stromnetze, um nur einige Gebiete zu nennen.

---

132 http://www.faz.net/aktuell/wirtschaft/unternehmen/wurden-weitere-siemens-turbinen-auf-die-krim-geliefert-15104022.html

Unter dem gemeinsamen Gütesiegel „Made in Russia" wurden in Hannover zahlreiche international sehr beachtenswerte Spitzenprodukte präsentiert. Seit September vergangenen Jahres haben bereits 97 Unternehmen mit insgesamt mehr als 120 Produkten den Zertifizierungsprozess für das Gütesiegel erfolgreich durchlaufen, das einen hohen Qualitätsstandard garantiert und das Vertrauen in russische Hightech-Produktion stärken soll.

„Russland haftet seit langem das Image einer Ölmacht an, aber es produziert auch große Mengen an hochwertigen Gütern in sehr vielen verschiedenen Bereichen, die heute besonders förderungswürdig sind und mit den sich Russland als Hightech-Land auf dem Weltmarkt etablieren will", erklärte die leitende Direktorin für internationale Beziehungen Wera Podgusowa von REC. „Im Vergleich zum Vorjahr konnten wir 2017 ein Exportwachstum von 22,5 Prozent im Nicht-Rohstoff- und Nicht-Energie-Sektor verzeichnen. Im Januar 2018 hat sich diese erfreuliche Tendenz fortgesetzt: Wir hatten 29,2 Prozent mehr Exporte in diesem Sektor im Vergleich zum Vorjahreszeitpunkt."[133]

Dass es in diesem Bereich trotz Sanktionen vorangeht, zeigen auch die im südafrikanischen Johannesburg im Juli 2018 vom chinesischen Vorsitzenden Xi Jinping unterbreiteten Vorschläge für die weitere Intensivierung der Zusammenarbeit mit Russland. In diesem Zusammenhang schreibt der norwegische Journalist Pal Steigan am 03.08.2018 im Internetportal in seinem Artikel „BRICS + er nyeformated som skaper en ny internasjonal oeden", dass es hier vor allem um die Partnerschaft im Bereich der neuen Industrierevolution (Partnership on New Industrial RevolutionPartNIR) ginge. Es erlaube großen und kleinen

---

133 https://mdz-moskau.eu/gut-aufgestellte-spezialisten-russlands-hightech-branche-auf-der-hannover-messe/

Volkswirtschaften des globalen Südens den Anschluss an das System „BRICS. a". „Hier gehe es um die neue technologische Revolution, um die der Forschung und Entwicklung, sowie um die dazu notwendige Infrastruktur", betont Pal Steigan.[134]

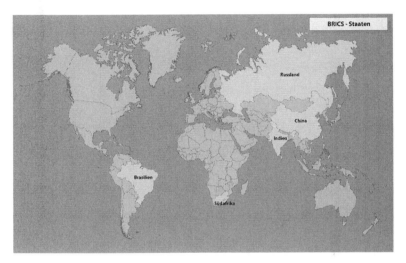

Grafik: Michail Mitin

---

134 https://steigan.no/2018/08/brics-er-det-nye-formatet-som-skaper-en-ny-internasjonal-orden

Kapitel 18

Russlands Suche nach Verbündeten

D ie Folgen der Sanktionen zwingen Putin ums Überleben, seine Integrationsstrategie zu überprüfen und zum Ausschöpfen
aller Möglichkeiten, um in erster Linie dem großen wirtschaftlichen und finanziellen US-Druck mit neuen Partnern – wie z. B.
mit China – zu widerstehen. Am 21. Mai 2014 schrieb Alexander Andrejew über die Agentur „RIA Novosti", dass die Wende
nach Osten – was Putin während seines Besuches in China am
20.05.2014 bestätigte – auf jeden Fall notwendig und unvermeid-
lich wurde. Und in der Tat: Diese Neuorientierung auf die asiatischen Märkte, die bereits vor der ukrainischen Krise eingeleitet
wurde – bekam, wie man in Moskau sagt, „Hauptpriorität" in
unserem Jahrhundert. Die westlichen Sanktionen haben gewissermaßen nur die Rolle eines Katalysators gespielt und damit einen
nützlichen und notwendigen Prozess unbewusst beschleunigt. Von
den verschiedenen Integrationsprojekten mit China besitzt die
„Neue-Seidenstraße" in jeder Beziehung die größte Bedeutung.[135]

Am 4.9.2018 veröffentlichte der Leiter des Programms
„Russland in der Asiatisch-Pazifischen Region", des Moskauer
Carnegie-Zentrums, Alexander Gabuew, unter den Titel „Wie
die Seiden-Straße zur Gummi-Straße wurde", zu diesem Thema einen besonders interessanten Artikel. Darin berichtet er,
das der chinesische Vorsitzende Xi Jinping in einer Rede in Astana über die Zusammenarbeit Pekings mit den zentral-asiati-
schen Ländern, bereits vor fünf Jahren den Wirtschaftsgürtel der

---

135 https://ria.ru/columns/20140521/1008730350.html

196

Seiden-Straße als ein neues Projekt vorschlug. um Interessenten aus aller Welt dafür zu gewinnen, in chinesische Projekte im Ausland zu investieren, um neue Arbeitsplätze zu schaffen und somit das Wachstum des Bruttoinlandsproduktes beschleunigen helfen.

Gabuew betont, das ein Wachstum des chinesischen Einflusses in der Welt bereits in den letzten 10 Jahren zu beobachten sei. Die chinesischen Investitionen wuchsen zweistellig und ihre Firmen produzierten eigene Innovationsprodukte. Die Diskussion über die chinesische Seidenstraße spielte auch für Russland eine überraschend positive Rolle, weil sie zum Verständnis für die Wichtigkeit der Beziehungen zu dem Nachbarn führte. Doch noch vor den Krimereignissen wurden derartige chinesische Initiativen als eine Gefahr für die „Euroasische Wirtschaftsunion (oder Gemeinschaft)" angesehen um in die russische Einflussdomäne in Zentralasien einzudringen. Heute sieht Moskau dieses Projekt als eine der wichtigen Möglichkeiten, um selbst chinesische Kredite und Investitionen zu nutzen.

Gabuew sieht dennoch auch eine gewisse Enttäuschung der russischen Seite über die Auswirkungen des chinesischen Projektes mit der Euroasischen Wirtschaftsunion durch seine Investitionen in das Projekt „Yamal-LNG" und in das Erdölverarbeitungswerk „Sibur", sowie in den eingeschränkten Einfuhren chinesischen Waren nach Europa. Eigentlich widerlegt die jüngste Entwicklung diese Befürchtungen.

Nach einem Bericht der russischen „RBK-Wirtschafszeitschrift": „Chinesische Investoren, die schon gegen 30 Prozent von Yamal-LNG kontrollieren, sind zum größten ausländischen Investoren des zweiten Werkes vom Nowatek Arktik LNG-2.

Chinesische Konzerne CNPC und CNOOC kaufen 20 Prozent in diesem Projekt."[136]

Diese Entwicklung kann man durch die Verschärfung des Handelsstreites zwischen China und USA erklären. Deswegen sei die Neue Seiden-Straße keine Gefahr für Russland.

Auch die französische Zeitung „Le Monde" sieht die russisch-chinesischen Beziehungen trotz der internationale Krim-Krise und dem Donbass-Krieg positiv. Wirtschaftlich bedeute das auch einen erweiterten Zugang chinesischer Firmen zu den russischen Energieressourcen. Selbst die chinesischen Militärstreitkräfte bekämen nun Zugang zu russischem Know-how. Gleichzeitig entstehen Möglichkeiten durch die Nutzung des russischen Territoriums, wichtige Infrastrukturprojekte zu realisieren, die China mit Europa verbinden. Auch die Zusammenarbeit in den Forschungsbereichen Robotik, Informatik und künstlicher Intelligenz wird für beide Länder von Nutzen sein. Beispiel sei die bereits erwähnte „Shanghaier-Vereinigung für Zusammenarbeit", die nach dem Eintritt Indiens und Pakistans im Jahre 2017 zu einer Weltorganisation wurde.[137]

Wie Pal Steigan in seinem im Kapitel 13 erwähnten Artikel „BRICS +er det nye formatet som skaper en ny internasjonal" behauptet, sei diese Organisation, an deren letzten Treffen in Johannesburg auch die Türkei, Ägypten, Argentinien und Indonesien teilnahmen, heute bereits eine größere Wirtschaftsvereinigung als die Gruppe der G7-Staaten.

Russland kann in diesem Zusammenhang chinesisches Finanzkapital immer mehr als Globalkapital einsetzen. So sind die seit Dezember 2015 bestehende „Asian Infrastructure Investment

---

136 https://www.rbc.ru/newspaper/2019/04/26/5cc19b4b9a794744 f3d7b676
137 https://www.Monde-diplomatique.fr/2018/08/FACON/58982

Bank" und das für den Handel von Erdölerzeugnissen zuständige Unternehmen „Petroyuan" eng mit der Organisation der Neuen Seiden Straße verbunden und wirken entscheidend dabei mit, Chinas Rolle in der Welt zu erweitern.

Zu dieser Thematik betont der deutsche Außenminister im August 2018 im „Handelsblatt", dass die Partnerschaft zwischen den USA und Europa neu vermessen werden müsste. „Wir sollten ein Gegengewicht bilden, wo die USA rote Linien überschreiten", so heißt es in der Überschrift seines Kommentars. „Washington müsse verstehen, dass Europa nicht zulassen werde, dass ihr über unsere Köpfe hinweg zu unseren Lasten handelt", schreibt der deutsche Außenminister im Hinblick auf die US-Entscheidung, aus dem Nuklearabkommen mit dem Iran auszusteigen. Daher sei es richtig gewesen, europäische Unternehmen rechtlich vor Sanktionen zu schützen. Deshalb ist es unverzichtbar, dass wir Europäer die Autonomie stärken, indem wir von den USA unabhängige Zahlungskanäle einrichten, einen Europäischen Währungsfonds schaffen und ein unabhängiges Swift-System aufbauen. Unter Umständen werde die EU zudem mehr Gewicht dort einbringen müssen, wo sich die USA zurückzögen.[138]

Der Besuch des russische Außenminister Sergej Lawrow im September 2018 in Berlin brachte dazu eine Reihe neuer Erkenntnisse. Vor allem geht es dabei um die kurz vor dem Zerfall der Sowjetunion von Gorbatschow geborene und später von Putin aktualisiert alte Idee, ein Europa vom Atlantik bis nach Wladiwostok zu schaffen. „Die Presse" in Österreich hatte bereits am 05.11.2010 geschrieben, dass der russische Ministerpräsident Wladimir Putin enger mit der Europäischen Union zusammen-

---

138 https://de.sputniknews.com/politik/20180821322036873-usa-swift-eu-heiko-maas/

arbeiten wolle und sich dafür eine europäisch-russische Freihandelszone wünsche. Ziel sei eine harmonische Wirtschaftsgemeinschaft zwischen Lissabon und Wladiwostok, schrieb Putin damals in der „Süddeutschen Zeitung". Es käme eine noch weitergehende wirtschaftliche Integration mit einer gemeinsamen Industriepolitik infrage. Putin meinte, dass sowohl Russland als auch die EU wirtschaftlich recht anfällig wären, was die Krise mit aller Deutlichkeit zeige. Sein Land sei auch weiterhin von seinen Rohstoffen sehr abhängig und die EU wiederum, habe mit den Folgen der Deindustrialisierung zu kämpfen.[139]

Nach den ukrainischen Ereignissen etwas in Vergessenheit geraten, brachte Lawrow diese Thematik in einem Vortrag auf dem Deutsch-Russischen-Forum wieder auf die Tagesordnung. Auf einer Pressekonferenz stellte der russische Außenminister mit seinem deutschen Kollegen Haiko Maas die Idee der Annäherung an Deutschland an die erste Stelle. Dabei spielten besonders die geplante „Nord Stream 2" eine wichtige Rolle. Im Zusammenhang mit dem Petersburger Dialog und der Einrichtung gemeinsamer Institutionen in den unterschiedlichsten Bereichen vertrat Außenminister Lawrow Willi Brandts bekannte These von der „Veränderung durch Annäherung", hinter der die einfache Idee steht, dass Deutschland als führendes EU-Mitglied Beispiel für ganz Europa mit seinem gegenüber Russland freundschaftlichen Kurs dienen kann. Gerade Deutschland bleibt nach dem schädlichen Eingreifen Donald Trumps in die Weltwirtschaft und der Notwendigkeit der Bildung neuer politischer Allianzen gegen die USA. dank seiner historischen und geographischen Besonderheiten einer der wichtigsten Partner, um in einer multipolaren Welt im Rahmen der Europäischen Union die US-Hegemonie zu beseitigen.

---

139 https://www.Monde-diplomatique.fr/2018/08/FACON/58982)

19. Kapitel

Putins ferne Zukunft

Was erwartet Russland im nächsten Jahrzehnt? Diese Frage ist umso interessanter, da Putin nach der russischen Verfassung 2024 seinen Präsidentenposten einem Nachfolger übergeben müsste. Schließlich wurde Putin am 18. März 2018 für die nächsten sechs Jahre triumphierend wiedergewählt und besitzt auch heute sehr viele Sympathisanten. Bei einer Wahlbeteiligung von 67,5 Prozent stimmten damals 76,7 Prozent der Wähler für ihn als Präsidenten. Und das, obwohl es noch im Jahre 1999 sehr unwahrscheinlich schien, dass sich Putin in diesem turbulenten 21. Jahrhunderts so lange behaupten könnte. Historiker und Biografen halten deshalb seine Präsenz beispielhaft für sein persönliches Schicksal.

Doch welche Alternative gibt es für das Land, wenn Putin sein Amt 2024 verlieren würde? Nach den neuen rechtlich durch Verfassungsgericht bestätigten Änderungen in der Verfassung bliebe diese Entscheidung den Wählern überlassen, und aufgrund dieser neuen Rechtslage dürfte er dann wieder kandidieren. Ob er das aber auch befolgt, ist eigentlich noch nicht entschieden.

Um einen einigermaßen akzeptablen Blick in die Zukunft zu wagen, ist vor allem die spezielle Organisation der heutigen Machtverhältnisse in Russland zu betrachten. Die vor allem im westlichen Ausland und von oppositionellen Gruppen vertretende These über die herrschende absolute Autorität der Staatsmacht entspricht nur teilweise den tatsächlichen Gegebenheiten. Putin kann den Staat durchaus nicht ganz alleine kontrollieren und beeinflussen. So führen einzelne Bereiche ihr Eigenleben. Es existieren einzelne

Gruppierungen in den Oberschichten, selbst bei den Sicherheitskräften und es gibt auch regionale Eliten, die miteinander konkurrieren und den liberalen Loyalisten widerstehen. Insgesamt ist jedoch sein zentrales politisches System trotz unterschiedlicher Strömungen als Ganzes nicht gefährdet. Vereinfacht kann man sich die russischen Machtverhältnisse auf folgende Weise vorstellen: Putins Administration und die Beamtenregierung (d. h. aus Beamten, nicht Politikern bestehend), die seine Ideen verwirklichen sollen. Diese Machtvertikale stützt sich auf, in der Regel von Putins Freunden verwaltete Staatskonzerne, die in den wichtigsten Wirtschaftsbranchen angesiedelt sind. Dabei spielen Parlament und zivile Gesellschaft meist nur eine sekundäre Rolle. Dazu gibt es aber auch – wie Insider behaupten – zwischen dem Sicherheitsblock sowie den Anhängern der starken Rolle des Staates im Wirtschaftsleben und den sogenannten Wirtschaftsliberalen sowohl in den Regierungskreisen als auch im Parlament seit Jahren interne Machtkämpfe. Im russischen Polit-Slang werden die Seilschaften der obersten Etage des Landes oft „Türme des Kreml" genannt. Sie hätten im Zusammenhang mit der alten Verfassung und dem noch bis vor kurzem möglichen endgültigen Rücktritt Putins 2024 durchaus auch eskalieren können. Die schiere Aussicht, dass Putin auch darüber hinaus Präsident bleiben kann, dürfte den Kampf der sogenannten „Kreml-Türme" entspannter machen.

Wichtig ist zu verstehen, warum Putin eine Verfassungsreform gewagt hat. Schon bei der Ankündigung der Verfassungsreform im Januar 2020 betonte Putin, dass es ihm in erster Linie um eine Stärkung des Parlaments und der Regierung ginge. Doch im Grunde genommen – so meinen viele Beobachter – stand die Stabilität der Präsidentenmacht im Mittelpunkt. Nach seinen Plänen führt der Präsident nicht nur die Kabinettssitzungen durch, sondern er bestimmt die grundsätzliche politische Ausrichtung der Regierung.

Basierend auf seinen Vorstellungen bleibt dem Ministerpräsidenten dann lediglich die formelle Aufgabe, die Arbeit des Kabinetts zu organisieren.

Der Präsident kann dagegen direkt, lediglich nach Rücksprache mit dem Föderationsrat, dem Oberhaus des Parlaments, die Minister des Inneren, für das Außenamt, für Verteidigung und Justiz bestimmen. Der ohnehin schon bedeutende Einfluss auf die Justiz nimmt damit deutlich zu, da Putin selbst Verfassungsrichter sowie Richter des Obersten Gerichts entlassen dürfte. Nach der zur Abstimmung vorgeschlagenen Verfassung hat die Staats-Duma künftig lediglich das Recht, den Ministerpräsidenten, seine Stellvertreter und Minister der Form nach zu bestätigen.

Die durch die Verfassungsänderung geschaffenen neuen Verhältnisse stellen den bereits heute mächtigen Putin auch von einer anderen Seite in den Mittelpunkt. Interessant dazu ist die Analyse der Expertin Tatjana Stanowaja vom Moskauer Carnegie-Zentrum. Sie sieht in der im März 2020 in Gang gekommenen Reform für Putin, der sich ja bereits seit langem als „Missionsträger" versteht, „eine ideologische, sogar mystische Bedeutung und die Annahme der eigenen Verfassung als einen Bestandteil dieser Mission".[140]

Worin besteht diese Mission? Diese Frage müssen wir anders formulieren. Und zwar, wie gefährlich ist die alte Verfassung für die moderne russische Ideologie Putins? Christina Hebel, Moskauer „Spiegel"-Korrespondentin resümiert, das hier in erster Linie das russische Volk die wichtigste Rolle spielt.[141]

---

140 https://carnegie.ru/commentary/81289?utm

141 https://www.spiegel.de/politik/ausland/russland-warum-wladimir-putin-auch-gott-in-die-verfassung-schreiben-laesst-a-50999454-eb50-482d-a7fc-934ce6c9b3f4

Putins Idee des russischen als staatsbildendem Volk wird nun für die Zukunft im Verfassungsprojekt verankert (sein), denn bisher wurde in der UdSSR unter nationaler Politik nur die Lösung der Probleme der nichtrussischen Völker verstanden und die Russische Föderation selbst besaß nur beschränkte Souveränität. In ihrem Großmachtchauvinismus verstanden die alten sowjetischen Kommunisten immer den russischen Nationalismus als einen Gegenpol zum Internationalismus und deshalb wurden die russischen Nationalisten hart bekämpft. Im Zusammenhang mit dem Jahr 1993 wird von Vielen die damals verabschiedete Verfassung als eine Folge des Staatsstreiches gesehen. In dieser Verfassung ist das russische Volk gar nicht erwähnt. Jelzin hatte damals den Obersten Sowjet als gewähltes Parlament durch Gewaltanwendung aufgelöst. In den vorgesehenen Verfassungskorrekturen wird auch die Aufgabe russischer Territorien gesetzlich untersagt. Dabei geht es nicht nur um die allseits bekannte Krimproblematik, sondern auch um die von den Japanern beanspruchten Inseln im Fernen Osten, und beispielsweise um Königsberg/Kaliningrad, einer von den NATO-Ländern umgebenen Enklave. Doch auch das ist eine von Putin propagierte Idee: Im Gegensatz zu 1993 wird im neuen Verfassungsprojekt die nationale Priorität gegenüber internationalen Verträgen hervorgehoben und anstelle der internationalen Gemeinschaft sogar Gott erwähnt. Auf die Frage an den russischen Außenminister Lawrow im Januar 2020 in Taschkent, ob Moskau dem Beispiel Washingtons folgen würde, Übereinkommen und Entscheidungen internationaler Gerichte zu ignorieren, entgegnete er, dass auch eine Reihe von Staaten, selbst EU-Länder durchaus nationales vor internationales Recht stellen. Das Gericht hätte klargestellt, dass die Verfassung vorrangige Rechtsnorm sei. In westlichen Ländern, auch in

Deutschland und Großbritannien, würden ähnliche Rechtsformen gelten.[142]

Diese Vorstellungen Putins entsprechen also nicht alleine seiner visionären Idee und seiner angenommenen Welt-Mission. Die „Nesawissimaja Gaseta" schrieb dazu im März 2020 unter dem Titel „Wozu braucht Putin das Recht, 2024 wieder an den Präsidentenwahlen teilzunehmen", dass er selbst das Verfassungsgericht aufforderte, über eine mögliche Wiederwahl nach 2024 zu urteilen, und dass es möglich sein soll, nach den Korrekturen des Grundgesetzes mehrmals (...) für den Präsidentenposten zu kandidieren. Allerdings sagt Putin nicht eindeutig, dass er dazu auch unbedingt zur Verfügung stehen würde. Umfragen des Forschungsinstituts für soziales Marketing ergaben, dass derzeit immerhin 57 Prozent der Befragten 2024 für Putin stimmen würden.

Die Redaktion hebt hervor, dass Putin zum ersten Mal in die Situation geraten würde, sein Amt endgültig zu verlassen. Die alte Verfassung hätte ihm nicht garantiert, auch nach seinem offiziellen Ausscheiden Einfluss auf die Politik auszuüben. Er könnte nicht davon ausgehen, dass sich ein möglicher Nachfolger gegenüber ihm und seiner Gefolgschaft auch weiterhin loyal verhalten würde. Gegenwärtig wirkt der Präsident im Rahmen der vorhandenen inneren Konflikte in der Elite des Landes gewissermaßen als eine Art Schiedsrichter. Es ist deshalb schwer nachzuvollziehen, wie sich die konkurrierenden Gruppen verhalten, wenn Putin die politische Szene wirklich verlassen würde. Seine Autorität und die Möglichkeit der Wiederwahl sehen sie deshalb als Stabilitätsgrundlage für das in den letzten Jahren

---

142 http://www.russland.news/sergej-lawrow-zu-den-plaenen-die-russische-verfassung-ueber-das-voelkerrecht-zu-stellen/

reibungslose Funktionieren der Staatsmacht. Doch die 20 Jahre der Herrschaft Putins stellen auch Fragen zur Vorhersehbarkeit des Machttransits. Die politische Vorausschau – allem Anschein nach Charakteristik politischer Stabilität – könnte durch andere Faktoren erreicht werden, als es in Russland in diesem Jahrhundert den Tatsachen entspricht.[143]

Eigentlich fehlt dem modernen russischen Staat letztes Endes nur noch eine alles vereinende Kraft, ähnlich der kommunistischen Idee während der Zeit der UdSSR. So fordert Wladislaw Sukow – bis vor kurzem langjähriger Putin-Berater und Vertreter souveräner Demokratie als politische Ordnungsgrundlage in der Moskauer „Nesawissimaja Gaseta" unter der Überschrift „Putins langer Staat" – die Notwendigkeit, dass das durch dieses Fehlen einer einenden Idee entstandene Vakuum unbedingt ausgefüllt werden muss.[144]

Die Russen hätten seiner Meinung nach nur zum Schein die Wahl. Dabei ginge es nicht um die konkrete Person, sondern um vielerlei Ideen. Surkow bezeichnet sie als Axiome der neuen russischen Staatlichkeit, auf die sich alle Theorien und Handlungen der aktuellen Politik Russlands aufbauen und die durch die Logik der historischen Prozesse bestimmt werden. Nur dank dieser Auffassungen wurde ein „unnatürlicher, anti-historischer Zerfall" Russlands gestoppt und es entstanden für den Staatsaufbau neue Wege, die nicht durch Importschimären, sondern durch die Logik der historischen Prozesse bestimmt wurden. Russland kehrte so zu seinem natürlichen und einzig möglichen Zustand einer wachsenden Großmacht zurück und zu einer funktionierenden Gemeinschaft der Nationen. Das würde auch den überaus

143 http://www.ng.ru/editorial/2020-03-16/2_7818_editorial.html
144 http://www.ng.ru/ideas/2019-02-11/5_7503_surkov.html

unruhigen Charakter der russischen Staatlichkeit bestimmen. Surkow geht davon aus, dass bereits in der Vergangenheit unter den Namen Ihrer Gründer vier Staatsmodelle die russische Geschichte beherrschten. Das waren die Herrschaftsformen Iwan des Dritten (1500-1511), Peter des Großen (1689-1725), Lenins Sowjetunion (bis 1993) und danach Putins Russische Föderation – die zwar von Jelzin gegründet, aber nach Putins Rede 2007 in München neue Bedeutung erhielt.

Die britische BBC folgert aus Surkows Artikel, dass „die große politische Maschine Putins gewinnt und auch künftig Schwung und volle Kraft haben wird". Russland wird noch viele Jahre Putins Staat sein. Beispiel wäre das moderne Frankreich, das noch immer „die Fünfte Republik von de Gaulle" sei.

Eine Schlussfolgerung aus Surkows Ausführungen ist jedoch auch, dass sich die russische Idee in der gesamten Gesellschaft zementieren muss. In diesem Sinne ist es ganz egal, ob Putin weiter regiert oder nicht. Seine Ideen könnten zum Beispiel junge Technokraten an der Staatsspitze präsentieren. Deswegen erschienen in der letzten Zeit mehrere neue Gesichter in der Regierung und in der Staatsduma, die man als Putins „Nachfolger" bezeichnen könnte.

Im Sommer 2018 schrieb der „Spiegel": „Wie Putin seine Nachfolge organisiert", u. a., dass eine Generation junger Spitzenbeamter das Land führen soll, wenn der Präsident abtritt. Angepasste Manager ersetzen jetzt die alten Gefolgsleute. Dabei werden mehrere Namen genannt, von Maxim Oreschkin, früherer Minister für wirtschaftliche Entwicklung und heute Berater in Putins Administration bis Wladimir Wolodin, Sprecher der Staatsduma.[145]

---

145 https://www.spiegel.de/plus/russland-wladimir-putins-neue-garde-a-00000000-0002-0001-0000-000159189641

Doch ist das auf die persönlichen Eigenheiten von Putin abgestimmte Machtsystem mit seinen Kontrollen und Abwägungen, das eigentlich kaum jemand verlustfrei abfangen kann, überhaupt möglich? Oder besteht die Gefahr, dass in absehbarer Zeit in Russland ohne Putin nichts reibungslos laufen wird? Wie manche vermuten, wird Putins Abgang zu einem Clans-Kampf führen?

Die BBC beschreibt Surkows Interesse an Putins Machterhalt durch den Status quo. Doch wie will Putin an der Macht bleiben, wenn es die geltende Verfassung nicht erlaubt? Die BBC meint, dass in Russland jeder Nachfolger schlechter als sein Vorgänger sein wird.[146]

Genau das zeigen aber die Erfahrungen der Sowjetunion oder auch das spätere Beispiel der zeitweiligen Machtübergabe an Medwedew im Jahr 2008, das durchaus nicht den Vorstellungen des Putin-Staates entsprach. Wie schreibt Alexander Baunow, Chefredakteur von „Carnegie.ru", die Erfahrung des Tandems wurde nicht als die erfolgreichste anerkannt. Bis zum letzten Moment hatte Putin Zweifel und Befürchtungen, ob der Nachfolger die Macht abtreten würde. Schließlich hatte dieser keine formellen Verpflichtungen, sondern nur informelle Vereinbarungen, aber Präsident Dmitri Medwedew hatte das verfassungsmäßige alleinige Recht, Premierminister Wladimir Putin jederzeit entlassen zu können.

Selbst die kurzlebige „Tandemokratie" spaltete aus Putins Sicht die herrschende Klasse. Für den Kreml waren die Moskauer Proteste von 2011 bis 2012 nicht das Ergebnis von Putins missbräuchlicher und beleidigender Rückkehr in die Präsidentschaft, sondern die Spaltung der Eliten: Einige wollten, dass Medwedew bleibt, andere wollten, dass Putin zurückkehrt, und diese Umstände destabilisierten das Land.

---

146 https://www.bbc.com/russian/news-47195408

Darüber hinaus begann Medwedew während der vier Jahre der Macht des Präsidenten, Zeichen seines eigenen Kurses zu setzen, der sich vom Kurs seines Vorgängers unterschied, und seines eigenen Umfeldes, der diese Unterschiede unterstützte. Putin zufolge führte dieser Kurs jedoch zu Fehlern wie der Passivität gegen die westliche Operation zum Sturz von Muammar al-Gaddafi und einer schleppenden Reaktion auf den „arabischen Frühling".[147]

Seine Situation schätzt der heutige Putin durchaus realistisch ein und er versucht, sein Ziel mit allen denkbaren Mitteln zu erreichen. In einer Rede vor der Staatsduma am 10. März 2020 meinte er: „Wir sind wirklich an die Grenze gekommen, und bevor wir sie überschreiten, müssen wir über ein grundlegendes und heikles Thema entscheiden, über das höchste Maß an Staatsmacht, nämlich das des Präsidenten. Ich glaube und bin zutiefst davon überzeugt, dass eine starke Vertikale des Präsidenten für unser Land, für Russland absolut notwendig ist. Und die aktuelle Situation in der Wirtschaft (und wie ich schon davon gesprochen habe) nicht nur in der Wirtschaft, im Bereich der Sicherheit, erinnert uns noch einmal daran."[148]

Nach diesen Worten ist also zuallererst politische Stabilität notwendig. Putin nennt zusätzliche Alternativen, wie z. B. parlamentarische Regierungsformen, wie sie in der Welt weit verbreitet sind, die jedoch – und das gilt es zu bedenken – zum gegenwärtigen Zeitpunkt der Entwicklung in Russland aus den unterschiedlichsten Gründen nicht angewendet werden können. Er erinnert daran, was in Ländern der traditionellen parlamentarischen Demokratie in Europa passiert und für Russland absolut unmöglich, absolut inakzeptabel sei. Putin möchte vor allen

---

147 https://carnegie.ru/2020/04/29/ru-pub-81670
148 kremlin ru/Events/president/News/62964

Dingen erreichen, dass die Errungenschaften seiner Zeit unter einem eventuellen Nachfolger nicht verloren gehen.

Er sieht die Welt im Prozess der Transformation, und auch er geht davon aus, dass Russland eine harte, leitende Hand benötigt. Sein zweiter Vorschlag bedeutet im Wesentlichen, Beschränkungen für jede Person, für jeden Bürger, einschließlich des amtierenden Präsidenten aufzuheben und künftige offene und wettbewerbsorientierte Wahlen zuzulassen.

Er wusste bereits, dass die Bürger bei der allrussischen Abstimmung am 22. April dieses Jahres nur dann „Ja" sagen würden, wenn sie mit derartigen Vorschlägen zum Änderungsantrag einverstanden sind. Diese Option gelte grundsätzlich nur unter der Bedingung, dass das Verfassungsgericht der Russischen Föderation einer Änderung der Bestimmungen des Grundgesetzes nicht widersprechen würde. Auch wenn die Bundesversammlung dieses Gesetz verabschiedet, muss es außerdem noch definitiv zur Beurteilung und offiziellen Schlussfolgerung an das Verfassungsgericht der Russischen Föderation geschickt werden".[149]

Im Grunde genommen geht es Putin in erster Linie um die Bedingungen und Wege für einen Machttransfer. Der Chefredakteur der Moskauer unabhängigen Zeitung „Nesawissimaja Gazeta" Konstantin Remtschukow, schrieb am 20. November 2019 in einem Beitrag über unterschiedliche, aber im Detail durchaus sehr wahrscheinliche Szenarien der weiteren Entwicklung Russlands in den kommenden Jahren und den heutigen Ausgangspunkten für mögliche Veränderungen.[150]

---

149 http://www.ng.ru/politics/2020-03-10/100_putin10032020.html
150 http://www.ng.ru/politic/2019-11-20/1_7730_main.html

Nach Remtschukow glaubt Staatspräsident Putin keineswegs an Garantien für sich selbst, und für die weitere Entwicklung des Landes nach seiner Vorstellungen. Er geht dabei von einer ganz persönlichen und individuell angeborenen Verhaltensweise des Menschen unter dem Zwang der aktuellen Umstände aus. Für die Analyse der wahrscheinlichsten Szenarien der künftigen russischen Entwicklung ist es deshalb notwendig, von den Motiven und dem Potenzial der sich an die Macht klammernden Hauptpersonen der heutigen politischen Elite auszugehen; aber auch von den Forderungen der wichtigsten politischen Institutionen für eine mögliche Änderung beziehungsweise Aufrechterhaltung der heutigen Ordnung. Dazu kommt die Analyse der sozialen und wirtschaftlichen Probleme, hauptsächlich unter Beachtung einer Lösung durch die gegenwärtigen Institutionen und ihrer Praktiken.

Dazu sind die alternativen oppositionellen Programme für eine Umwandlung der Verhältnisse in Russland, und natürlich auch die weitere Entwicklung der Stimmung bezüglich eines möglichen politischen Machtwechsels oder aber auch der Bewahrung der Staatsführung unter den verschiedenen Bevölkerungsgruppen, zu berücksichtigen. Gleichzeitig wird eine Analyse der Meinungen bezüglich der Bewahrung oder dem Wechsel in der Staatsführung unter den Eliten notwendig.

Bei der Betrachtung der gegenwärtigen Situation sieht Wladimir Putin jedoch keinen Nachfolger, der seine persönlichen, in der Öffentlichkeit vertretenen Kriterien, wie Bescheidenheit, Liberalismus im Alltag und Patriotismus nach außen, Treue an die professionelle Kaste und Flexibilität bei internationalen Verhandlungen, erfüllen würde. Sein Nachfolger müsste zwischen unterschiedlichen Auffassungen vermitteln können, ohne zu ermüden und sich reizen zu lassen, und ein fanatischer Arbeiter in seinen Verhandlungen sein. Putin selbst macht sich heute Sorgen, dass er seine Freunde nicht schützen könne, wenn er nicht mehr am Staatsruder steht. Gleichzeitig fühlt er sich aber auch der unmittelbar unter seiner Führung arbeitenden russischen Führungselite überlegen und bezieht eine mögliche Illoyalität seiner Mitarbeiter unter dem Druck äußerer Umstände und der Opposition in seine Überlegungen mit ein.

Es wäre für ihn irrational zu glauben, dass dieser Personenkreis in einem so kompliziertem und mit Problemen belastetem Russland weiter bestimmen könnte.

Interessant ist in diesem Zusammenhang die herrschende Einschätzung einzelner Personen der russischen Führung, wie z. B. des (schon früheren) Ministerpräsidenten Medwedew, der durch mangelndes Interesse an der Arbeit, fehlende Entscheidungen und Neigung zu zweifelhaften Initiativen, wie der „Reform der Winterzeit", der viertägigen Arbeitswoche oder der „Propagierung des Federballspiels" charakterisiert wird. Medwedew hat keine eigene Beamtenmannschaft und gehört prinzipiell zum engen Kreis der Beamten um Putin. Für die Vorsitzende des Russischen Föderationsrates, Walentina Matwijenko, sind durch Besonderheiten ihrer dienstlichen Laufbahn bedingte fehlende Ideen und Zynismus charakteristisch. Der Sprecher der Staatsduma, Wjatscheslaw Wolodin, der sich auf alle Gegebenheiten einstellen kann, wird vor allem durch seine persönliche, uneingeschränkte Treue gegenüber Putin charakterisiert. Für den russischen Verteidigungsminister, Sergej Schoigu, ist sein mangelnder Elan typisch. Ohne größeren Ehrgeiz nach höheren Weihen wartet er auf sein Rentnerdasein. Die mögliche Funktion eines für die Entwicklung Sibiriens und des Fernen Ostens zuständigen

Stellvertreters des Ministerpräsidenten könnte ihm allerdings eine höhere Pension einbringen. Außenminister Lawrow vertritt ähnliche Bestrebungen, die nur Putin erfüllen kann. Sein maximaler Wunsch wäre der Posten des Vorsitzenden des „Föderativen Rates". Hervorzuheben ist auch das Moskauer Stadtoberhaupt Sergei Sobjanin, der nach außen hin wenig Interesse an öffentlicher Politik zeigt. Er demonstriert Gleichgültigkeit gegenüber höheren Posten und fürchtet nichts und niemanden. Selbst Nikolai Patruschew, Sekretär des Sicherheitsrates Russlands, Alexander Bortnikow, FSB-Chef und andere Vertreter der Justiz und des Polizeidienstes, vertreten keine eigene Position und sichern lediglich die Funktion ihrer Behörden in Putins Machtsystem. Das betrifft auch die Präsidentenadministration mit ihren Führungskräften Waino, Kirienko, Gromow, Peskow und Belousow, die mit hoher Wahrscheinlichkeit möglichen neuen Leuten aus anderen niedrigen Verwaltungskreisen entgegenstehen. Das allgemeine geringe Vertrauensniveau in der russischen Gesellschaft könnte den radikalen Elitenwechsel für Schlüsselentscheidungen im Staat beeinflussen und dafür sorgen, dass die heutigen Eliten alles tun, um die Herrschaft Putins für eine uneingeschränkte lange Frist zu erhalten.

Putin ist seinerseits an dem Erhalt dieser Kaderstruktur interessiert, weil ihm nur ihre Stabilität erlaubt, seine umfassenden Machtaufgaben effektiv zu lösen. Mögliche Unsicherheiten könnten für ihn sicherlich schwerfallende Änderungen unter seinen Kampfgenossen erfordern. Unter Umständen wäre eine Verschlechterung der statistischen und soziologischen Indikatoren für den aktuellen Zustand der russischen Gesellschaft und ihrer Wirtschaft Auslöser für entsprechende Veränderungen. In dieser Hinsicht ist der Präsident gut zu verstehen, weil die russische

Geschichte gravierende Beispiele für die Integrität des Landes, sei es zu Zeiten des Zaren Nikolai des Zweiten oder auch der letzten Parteiführer in der Sowjetunion zeigt. Doch welche weiteren Chancen hat Putin um seine persönlichen ehrgeizigen Machtansprüche zu erreichen?[151]

So beobachtet der Kreml heute im gleichen Zusammenhang die Machtübergabe in Kasachstan sehr aufmerksam. So schreibt der Chefredakteur von „Moskauer Carnegy.ru", Nikolai Baunow, darüber, dass das postsowjetische Zentralasien bis vor kurzem nur die revolutionäre und die sowjetische Art der Machtübertragung kannte. Erstere galt für Kirgisistan, wo Präsidenten mehrmals durch einen Staatsstreich ausgewechselt wurden und die zweite – eher erwartete Form – für Turkmenistan und Usbekistan, wo die Eliten die Nachfolger für verstorbene Staatschefs bestimmten.

Nach sowjetischem Vorbild regiert der Präsident bis zu seinem Tode. Erst dann übernimmt der „stärkste" Anwärter den leeren Platz mit seinen gesamten politischen Möglichkeiten.

Kasachstan, das von sich selbst behauptet, ein freieres und besser entwickeltes Land als seine Nachbarn zu sein, versucht nun ein drittes Modell. Genau das könnte sich in Astana derzeit zu einer „Generalprobe" für die künftige Machtübertragung in Russland entwickeln – obwohl der Termin der russischen Premiere noch nicht bekannt ist. So wird hier das Ende von Nasarbajew mit dem Rücktritt von Jelzin im Jahr 1999 verglichen. Jelzin zog sich allerdings damals, im Gegensatz zu Nasarbajew, der sich auf die Erweiterung seiner Befugnisse durch den Nationalen Sicherheitsrat 2018 berufen wird, selbst zurück. Eine ähnliche Option wird im Zusammenhang mit Putins Zukunft diskutiert, der 2024 –

---

151 http://www.ng.ru/politic/2019-11-20/1_7730_main.html

möglicherweise aber auch früher – die Präsidentschaft verlassen sollte, seine Macht aber nicht vollständig verlassen möchte.

Der Kreml sieht so eine Chance, die Machtübertragung unter ähnlichen Bedingungen wie in Kasachstan zu organisieren, denn die Volkswirtschaften beider Länder haben eine ähnliche Struktur. Gleichzeitig existieren in beiden Ländern gleiche Probleme bei der Versorgung der Bevölkerung und bei der Erfüllung ihrer Bedürfnisse. Auch die politischen Regime lassen sich vergleichen, obgleich Kasachstan seine Menschen noch mehr kontrolliert als Russland. Dazu kommt, dass sowohl in Kasachstan als auch in Russland multinationale, multireligiöse Gesellschaften mit gemeinsamen europäischen und traditionellen konservativen Werten innerhalb der offiziellen eurasischen Ideologie existieren.

Beide Systeme verkörpern Varianten des Wahlautoritarismus, bei dem die Legitimität des Staatschefs in Mehrparteienwahlen, aber nicht in einem konkurrenzfähigen Wahlverfahren bestätigt wird und sie tolerieren die Freiheit der Presse und eine relativ offene Diskussion im Rahmen der modernen Medien, wie Internet.

In den kommenden Jahren wird der Kreml beobachten, welcher Anteil der in den Augen der Gesellschaft umfassenden Machtfülle nach Nasarbajew Ausscheiden verbleibt. Bisher galten die Popularität des Anführers der Nation und der Posten des Präsidenten als Hauptinstrument zur Schaffung seiner Autorität als eine unteilbare Einheit, die jetzt getrennt wird. Das ist mit einem System zu vergleichen, das den Zugriff auf einen Tresor mit zwei Schlüsseln gestattet. Heute ist es aufgrund der neuen Situation nicht eindeutig klar, welcher Prozentsatz der Macht bei dem Präsidentschaftsposten verbleibt und welcher beim Wechsel des Anführers. Offensichtlich wird es aber künftig zu keiner Parität der beiden Bereiche kommen. Bei der Präsidentschaft Medwedews hatte Russland schon etwas Ähnliches erlebt. Doch es gab den wichtigen Unterschied, dass Medwedew immer mit der Möglichkeit der Rückkehr Putins in die Präsidentschaft rechnen musste. Diese Variante einer Rückkehr war nach der bisherigen Verfassung jedoch in Russland künftig nicht vorgesehen.[152]

In der Weltgeschichte gibt es aber auch gewisse Parallelen. Die französische Webseite „Atlantico" schreibt am 25. März 2019 z. B. über den Iran, dass dort das Amt des „Vaters des Volkes" mit der Position des höchsten iranischen Führers (Ayatollah Ali Khamenei), der über dem Präsidenten des Landes (Hassan Rouhani) steht, vergleichbar werden kann. Auch der Kasache Nasarbajew gilt in seinem Land als „Vater der Nation". In der arabisch-muslimischen Welt existieren sogar zahlreiche Beispiele für die Umwandlung weltlicher Regime unter dem Druck der Religion. Bei dem kasachischen Machtsystem spielen dazu persönliche-familiäre oder sogar erblich bedingte Gegebenheiten eine weitere wichtige Rolle.

Doch der Kasache Nasarbajew ist keine Ausnahme. Auch die postsowjetischen Führer demonstrieren offen ihren Wunsch nach einem Machtwechsel, so dass ein kasachisches Szenario in Russland durchaus möglich werden könnte. Im Gegensatz zu Nasarbajew bevorzugt jedoch Putin keinen der Kandidaten und bezieht auch seine Familie nicht in die Politik ein, wie es bei den Führern Kasachstans, Weißrusslands und Aserbaidschans durchaus üblich ist. Doch gerade die Einbeziehung von Angehörigen in die Politik ist auch in westlichen Ländern zu finden, was u.a. bei häufigem Auftreten bestimmter Familiennamen in der amerikanischen und kanadischen Politik, wie z. B. Clinton, Bush oder Trudeau sichtbar wird. „Wenn das alles bei zukünftigen Wahlen

---

152 https://carnegie.ru/commentary/78631

berücksichtigt werden müsste, wären sowohl Standardabstimmungen (z. B. wie bei Medwedew) als auch ein wahres politisches Chaos möglich", schreibt Atlantico.

Auch aus diesen Gründen ist laut Putin, und später in den Verfassungskorrekturen noch von einem „Organ-Staatsrat" die Rede. Nach der Meinung mancher Beobachter besteht genau der Coup in der Rede Putins in der Ankündigung, den Staatsrat als ein neues Organ in der Verfassung festschreiben zu wollen. Seine konkreten Kompetenzen wurden von ihm zunächst nicht erwähnt. Es drängte sich aber unweigerlich der Gedanke auf, dass Putin damit als eine Art Staatsratsvorsitzender eine neue Position erhalten wolle. Denkbar wäre, dass der Staatsrat, nunmehr unter seiner Führung, möglicherweise sogar als erstes Exekutivorgan, wichtige Kompetenzen übertragen bekäme, so für die Hauptlinien der Außen-, Innen und sozialwirtschaftlichen Politik.[153]

Jüngste Ereignisse, wie die Coronavirus-Pandemie haben die künftige mögliche Rolle eines Staatsrates neu definiert. So wurde für die Bekämpfung der Pandemie eine Arbeitsgruppe mit dem Moskauer Stadtoberhaupt Sergey Sobjanin an der Spitze gegründet. In Falle des Erfolges werden seine Chancen als Putins möglicher Nachfolger stark steigen. Interessant ist in diesem Zusammenhang, dass der Chefredakteur der „Nesawissimaja Gazeta", Konstantin Remtschukow, der Auffassung ist, dass Putin bis zuletzt versuchen wird, sich etwas Sicheres auszudenken, um nicht zu zulassen, dass verschiede rivalisierende Gruppierungen Russland teilen. Auch deshalb sei die Frage des Nachfolgers noch nicht endgültig vom Tisch und, um ihn aufzubauen, brauche er bestimmte Institutionen. Sicher könnten sie unter Umständen von ihm selbst als Sprungbrett benutzt werden.

---

153 https://libmod.de/gall-verfassungsreform-russland/

Kapitel 20

Staatsbund zwischen Russland und Weißrussland

Eine weitere Variante wäre eine Union zwischen Russland und Weißrussland, bei der Putin, in diesem Fall als Präsident dieses Staatsbundes, an der Macht bleiben könnte. Bereits 1995 bildeten diese Länder eine Zollunion, der das Commonwealth und 1997 der Unionsvertrag folgte. Das am 2. April 1997 in Moskau von den Präsidenten Russlands und Weißrusslands unterschriebene Abkommen trat nach seiner Ratifizierung am 26. Januar 2000 in Kraft.

Die damals vorgesehenen Institutionen, das gemeinsame Parlament und die Währung wurden jedoch bis heute nicht realisiert.

Heute geht es in diesem Zusammenhang vielmehr um die Rückkehr zu einem politischen Szenario, das bereits damals, einige Monate vor den Präsidentschaftswahlen am 2. März 2008, in Betracht gezogen wurde und unter der Führung von Wladimir Putin die Union Russlands und Weißrusslands stärken sollte. Ein solche Funktion sollte Putin über seinen Nachfolger stellen.

Doch in der Vergangenheit wurde ein anderer Weg gewählt: Der Präsident und der Premierminister tauschten ihre Stühle aus, um sich auf die vier Jahre später folgende Rückkehr in den Kreml vorzubereiten. In jedem Fall wäre das auch für die Union von Russland und Weißrussland denkbar. Doch trotz formell militärischer Verbindung beider Länder sind z. B. auch ihre Verteidigungssysteme nur teilweise kompatibel, und es befinden sich lediglich zwei russische Radarstationen in Weißrussland. Der weißrussische Präsident Lukaschenko bot zwar an, als Reaktion auf das Raketenabwehrsystem der NATO „Iskanders" oder sogar „S-300" zu stationieren, gleichzeitig weigerte er sich aber, die russischen und belarussischen Luftverteidigungssysteme zu integrieren und den Befehl über seine militärischen Einheiten der Kontrolle einem gemeinsamen Kommando zu übertragen.

Vor dem Hintergrund politischer und diplomatischer Krisen ist jedoch der russische Druck zur erweiterten militärischen Zusammenarbeit stärker geworden. Dabei spielen aber auch finanzielle Unterstützungsmöglichkeiten sowie die Energienutzung eine große Rolle. Der seit einem Vierteljahrhundert an der Spitze Weißrusslands stehende Präsident Alexander Lukaschenko bemüht sich mit aller Kraft seine politische Unabhängigkeit von Wladimir Putin und den ihn umgebenden Oligarchen zu erhalten. So weigerte er sich, die Unabhängigkeit Abchasiens und Südossetiens anzuerkennen, wie es Moskau nach dem Krieg mit Georgien vom 7. bis 12. August 2018 tat. Ebenso wie sein kasachischer Amtskollege zeigt sich Lukaschenko gegenüber den Vorschlägen aus dem Kreml und Wladimir Putins Rhetorik über die „Russische Welt" und Moskaus Wunsch, eine neosowjetische Sphäre ohne die kommunistische Utopie wiederherzustellen, sehr misstrauisch und hält an der Pendelpolitik zwischen Moskau und Brüssel fest: Er hat weder die Fähigkeit noch den Wunsch, den Weg der östlichen Partnerschaft und den Beitritt zur Europäischen Union zu verfolgen, da sein Land offensichtlich nicht die notwendigen politischen und demokratischen Kriterien erfüllt. Obwohl Weißrussland Mitglied der von Russland gebildeten „Eurasischen Wirtschaftsunion ist", arbeitete Lukaschenko mit Nasarbajew zusammen, um die politischen Möglichkeiten dieser Vereinigung zu begrenzen. Wie Atlantico berichtet, bereitet der belarussische Präsident die Bühne für die Machtübergabe an seinen Sohn vor. Eine Union von Russland und Weißrussland als Lösung für Wladimir Putins Regierungsende im Jahr 2024 ist daher durchaus nicht selbstverständlich zu erwarten. Auf Grund der Vorbereitung der Machtübertragung auf seinen eigenen Sohn wird Alexander Lukaschenko zu einem solchen Manöver kaum bereit sein.

Doch inzwischen sind auch für diesen Weg verschiedene Szenarien möglich. Obwohl Putin auf dem jüngsten „St. Petersburger Wirtschaftsforum" im vergangenen Jahr die Vereinigung beider Länder verneinte, gab er gleichzeitig zu, dass er Pläne für die Einführung der gemeinsamen Währung besprechen werde.[154]

In erster Linie wäre die wirtschaftliche und finanzielle Integration einer der wichtigsten Schritte für einen Zusammenschluss der Länder.

Was steht aber der Umsetzung der Pläne zur Gründung eines Unionsstaates zwischen Russland und Weißrussland, mit Putin an der Spitze, weiterhin entgegen? In diesem Zusammenhang ist ein am 29. Januar 2020 veröffentlichter Artikel von Konstantyn Fedorenko, Sozialwissenschaftler und Doktorand an der Berlin „Graduate School of Social Sciences (BGSS)" der Humboldt-Universität zu Berlin und wissenschaftlicher Mitarbeiter am „Zentrum für Osteuropa- und internationale Studien (ZOiS)" von Interesse. In diesem Artikel ist auf der Webseite unter dem Titel „Belarus und Russland: turbulente Beziehungen" zu lesen, dass es in den Beziehungen zwischen Minsk und Moskau in den vergangenen Wintermonaten chaotisch her ging. Anfang Dezember 2019 löste der belarussische Botschafter in Russland, Wladimir Semaschka, mit einer Rede auf der Konferenz

---

154 https://www.gazeta.ru/business/2019/06/07/12401539.shtml

zur eurasischen Wirtschaftsintegration eine Kontroverse in Belarus aus. „Minsk", so Semaschka, „müsse das Ziel einer vertieften Integration mit Russland verfolgen, wie es in früheren Abmachungen formuliert wurde. Diese sehen unter anderem die Schaffung eines gemeinsamen Parlaments und einer Regierung vor." Semaschka meinte sogar, dass man sich über den Fahrplan für eine vertiefte Integration geeinigt habe und die beiden Seiten hinsichtlich der verbleibenden Schritte bald einen Konsens erreichen würden. In einigen Kommentaren wird befürchtet, dass eine solche Integration das Ende belarussischer Staatlichkeit bedeuten könnte. Die Bürger Belarus selbst reagierten ja bereits im Vorjahr mit zahlreichen Protesten und Straßendemonstrationen gegen eine Fusion beider Länder.

Blicken wir noch einmal zurück: Bereits In den 90er Jahren hatten Belarus und Russland mehrere wegweisende Verträge zur politischen und wirtschaftlichen Integration unterzeichnet. Der bei weitem wichtigste war ein Vertrag über die Schaffung eines Unionsstaates als Konföderation mit gemeinsamer Währung, koordinierter Außen- und Sicherheitspolitik sowie einem Unionsparlament und einer Regierung. Die nationalen Parlamente beider Länder würden fortbestehen, hätten aber einen beträchtlichen Teil ihrer Zuständigkeiten an Institutionen des Unionsstaates abzugeben. Nicht nur politisch, sondern auch in der Legislative würde eine Asymmetrie zwischen den beiden Ländern bestehen, da Russland 75 der 100 Abgeordneten des Unionsparlamentes stellen würde.

Wie diese „früheren Abkommen", von denen Semaschka sprach, bestehen viele dieser Vereinbarungen nur auf dem Papier. Selbst die als Eckpfeiler der Partnerschaft geforderte wirtschaftliche Integration, wird ja längst nicht umgesetzt. Als Moskau Sanktionen gegen die „Europäische Union" verhängte, schloss sich Belarus Russland nicht an und half sogar dabei, diese zu unterlaufen. Dabei nutzt Minsk seinen Status als „Brudernation" und sein nach außen hin positiv gezeigtes Verhältnis zu Russland zum eigenen wirtschaftlichen Vorteil, zu dem auch ein gemeinsames Abstimmungsverhalten bei den „Vereinten Nationen" gehört. Russland wiederum provoziert regelmäßig Handelsprobleme, wobei es seine wirtschaftliche Macht als Hebel für politischen Profit einsetzt.

Im März 2019 erreichten die Spannungen einen Höhepunkt, als der russische Botschafter in Belarus, Michail Babitsch, verkündete, dass die Minsker wirtschaftlichen Forderungen ohne eine engere politische Integration „übertrieben" seien. Zudem lasse das Land Fortschritte in Richtung der Ziele von 1999 vermissen und belarussische Politiker würden Russland als Feindbild instrumentalisieren. Das Außenministerium reagierte mit der kategorischen Feststellung, Babitsch müsse „einen souveränen Staat mit einem „Föderationssubjekt" verwechselt" haben. Einige Experten verwiesen aber auch darauf, dass Russlands Präsident Wladimir Putin den Unionsstaat potenziell als Instrument zur Wahrung seines Einflusses einsetzen könnte, indem er aus dem Kreml an die Spitze der Konföderation wechselt. Allerdings sieht der Vertrag von 1999 für den Unionsstaat in keiner Weise das Amt einer Führungsfigur vor.

Noch wichtiger aber ist, dass Belarus keine Anstalten macht, seine Unabhängigkeit aufzugeben. Ende 2019 stand das Thema in der kalten Jahreszeit erneut auf der Tagesordnung, während Russland gegenüber Minsk gerne seine Stellung als wichtigster Öl- und Gaslieferant als Hebel einsetzt. Bekräftigt wurde die häufig von Belarus vertretene Position, das Abkommen nicht aufgegeben zu haben und es bestanden eine Reihe problematischer Punkte zur Diskussion. Hierzu gehörten die Gaspreise – die belarussische

Industrie ist für ihre Wettbewerbsfähigkeit in hohem Maße von subventioniertem Gas aus Russland abhängig – sowie die Logistik für den Weiterexport von Öl.

Berichten zufolge geht es jetzt endlich etwas voran. So erörtern Belarus und Russland derzeit ihr Außenhandelskonzept sowie gemeinsame Zoll- und Steuergesetze. Das wäre in der Tat wenigstens der Beginn einer möglichst weitreichenden wirtschaftlichen Integration. Bezeichnenderweise stehen aber eine gemeinsame Währung und Sicherheitspolitik sowie die Einrichtung supranationaler Institutionen bislang nicht, entgegen ihrer Wichtigkeit, auf der Tagesordnung.

Die vier Treffen zwischen Putin und dem belarussischen Präsidenten Aljaksandr Lukaschenka (weißrussische Schriftart) blieben ja seinerzeit bereits im Dezember 2019 weitgehend ergebnislos. Minsk war damals für Zugeständnisse gegenüber Moskau nicht bereit. Daher könnte Russland dem belarussischen Analysten Arseni Siwistki zufolge wieder seine Subventionen als Hebel einsetzen, um Minsk doch noch zu einer Kooperation zu zwingen. Gelänge das nicht, könnte Moskau Szenarien in Gang setzen, die eine Hinwendung von Belarus zum Westen verhindern würden. Sollten die Pläne von Minsk zur Diversifizierung seiner Energieversorgung einschließlich Transits über die baltischen Staaten Früchte tragen, würden diese Szenarien umso wahrscheinlicher werden.

Es gibt aber nach wie vor wenige Gründe, anzunehmen, Belarus und Lukaschenka persönlich könnten zustimmen, dass Putin als Chef des Unionsstaates mit tatsächlichen Machtbefugnissen ausgestattet wird. Wladimir Putin wiederum wird kaum einen lediglich symbolischen Posten akzeptieren. Schließlich wären die in Russland vorgeschlagenen Verfassungsänderungen mit einer

Machtverschiebung weg vom Präsidenten ein alternativer Weg. Putin würde seine Rolle in Russland wechseln und gleichzeitig in der Praxis seine Macht beibehalten. Der Plan für einen Unionsstaat könnte somit fallen gelassen werden – zumindest für diesen Zweck. Letztendlich ist eine Annexion von Belarus durch Russland – ein in den letzten beiden Wintern diskutiertes Szenario – unwahrscheinlich. Der politische und wirtschaftliche Druck des Kremls wird jedenfalls in absehbarer Zukunft wohl weiter bestehen".[155]

Sicher gibt es auch noch andere Varianten für einen solchen Postenwechsel, ähnlich wie 2008 in Russland. Dabei sind aber auch Putins Integrationsbemühungen mit der „Eurasischen Wirtschaftsunion" analog zur EU nicht außer Acht zu lassen. Er könnte z. B. die Präsidenten-Rolle aufgeben und Vorsitzender der „Eurasischen Union" werden. Doch das wird im Ausland mit großer Sicherheit, auch wegen der Auffassung Weißrusslands zu einer supranationalen Union mit der politischen Dominanz Russlands, kaum Unterstützung finden.[156]

Neue Varianten fordern viel Zeit für ihre reale Verwirklichung, über die Putin schon nicht mehr verfügt.

155 https://www.zois-berlin.de/publikationen/zois-spotlight/belarus-und-russland-turbulente-beziehungen/?cookieLevel=not-set&cHash=5b9e4d-3725d4a9d046328bcfa49b0341&L=0
156 https://www.atlantico.fr/decryptage/3568970/vladimir-poutine-est-cense-quitter-le-pouvoir-en-2024-certains-au-kremlin-envisageraient-un-autre-scenario-michael-eric-lambert-jean-sylvestre-mongrenier

Kapitel 21
Putins Ideologiewanderung im Wirtschaftsbereich

Die ganze Geschichte über Putins Weg an die Macht beweist, dass wir in der Außenpolitik und in der Innenpolitik eigentlich gleichzeitig zwei verschiedene Persönlichkeiten beobachten müssen. Das hängt damit zusammen, dass Putin die liberale Wirtschaftswerte von seinem Vorgänger übernahm und die ihn zur Macht beförderte Umgebung in der russischen Politik immer noch mitbestimmt. Junge Liberale der 80er bzw. 90er Jahre wie Kudrin, Gref, Medwedew und Tschubais stehen mit zahlreichen wirtschaftlichen Initiativen des russischen Präsidenten im engen Zusammenhang. Seine neuen Schritte bei der Bildung des Ministerrates und in der Festlegung der bestimmenden wirtschaftlichen Ziele sind jedoch Zeichen seiner Ideologiewanderung, auch in der inneren Politik. Das kam im letzten Moment nicht zufällig und stand weniger mit den populistischen Zielen für die Zeit nach 2024 oder mit der jüngsten weltweiten Corona- Entwicklung in Verbindung. Obwohl, es ist nicht zu leugnen, dass die Coronavirus-Pandemie Putins mentale Wanderung weiter beschleunigt.

Viktor Heise veröffentlichte Ende 2018 in „Telepolis" einen Artikel unter der Überschrift „Russland bald stärkste Volkswirtschaft Europas und fünftgrößte der Welt?", in dem es heißt: „Nach dem Fall der UdSSR 1992 drohte Russland unter Jelzin (1991-2000) ein Dritter-Welt-Staat zu werden. Putin brachte die Wende. Auf der letzten Pressekonferenz verkündete er, Russland werde bald, noch vor Deutschland, die fünfstärkste Volkswirtschaft der Welt werden. Das nach der Kaufkraftparität (PPP) gerechnete

Bruttoinlandsprodukt (BIP) hat sich seit 2000 mehr als verdreifacht. Nach „Pricewaterhouse Coopers" wird Russland Deutschland 2030 als die stärkste Wirtschaft Europas ablösen. Doch wie realistisch ist diese Prognose, denn die staatlichen Eliten sind weniger am betriebswirtschaftlich – und renditeorientierten „Kapitalismus von unten" interessiert. Die Apparatschiks der Neuzeit fürchten aus Angst vor Machtverlust jede fremde ökonomische Denkweise und lassen eine Demokratisierung der Wirtschaft nur zögerlich zu. Politiker und Verwalter sind bekanntlich keine Manager. Mittelstand und Existenzgründungen werden kaum gefördert, Korruption und Rechtsunsicherheit bestehen weiterhin, die Konsumgesellschaft steckt noch in den Kinderschuhen. Ungeachtet dieser Mängel feiert der russische „Kapitalismus von oben" auf dem Weltmarkt punktuell nicht nur beim Rüstungsexport Erfolge, sondern auch in der Raumfahrt oder im Kernkraftbereich.

Ohne die russischen Sojus-Raketen könnte der Astro-Alex nicht zur ISS fliegen. Umgekehrt wird man im „Forbes-Ranking der globalen Konsumgüter- und Dienstleistungskonzerne" keine Russen finden. Der hiesige Staatskapitalismus ist vielmehr vergleichbar mit den erfolgreichen „Emerging Markets", wie China oder Vietnam, die allerdings mehr „Kapitalismus von unten" dulden.

Keinesfalls ähnelt er einem Rentierstaat (OPEC- und Golfländer), der primär von Rohstoffexporten „lebt". Russland verfügt über eine breite Produktionsbasis und konnte dank dieser Diversifikation, trotz Ölpreisverfall und Westsanktionen, die Krise von 2015/2016 wirtschaftlich besser überstehen, wie z. B. Saudi-Arabien.

Russische Großkonzerne in den Schlüsselsektoren Öl/Gas, Banken und Bergbau, wie Gazprom, Lukoil, Rosneft und Sberbank befinden sich mehrheitlich im Staatsbesitz. An Gazprom, dessen

Aktien an Westbörsen notiert sind, besitzt der Staat 50,1%. Der Multikonzern spielt in der russischen Wirtschaft nicht nur in ordnungspolitischen Bereichen, bei Subventionen und Staatsaufträgen – wie viele seiner Pendants im Westen – eine äußerst aktive Rolle. Die Corona-Pandemie hat aber auch auf diese Entwicklung große Auswirkungen. So schreibt der Kolumnist Gabor Steingart am 10. März 2020 in „Morning Briefing", dass die OECD in einem „Worst-Case-Szenario" mit einer Halbierung des prognostizierten Wirtschaftswachstums rechnet. Das globale Bruttoinlandsprodukt könnte dann um nur noch 1,5 Prozent zulegen, was für Europa als Wachstums- schwächste Region der Welt in der Tat eine Rezession bedeuten würde.[157]

Die Hamburger Zeitung ZEIT äußert noch größere Befürchtungen. Sie schrieb am 25. März 2020, dass die Ökonomen in den Panikmodus umgeschaltet haben, obwohl sie noch vor wenigen Wochen sehr vorsichtig über die Folgen der Corona-Pandemie für die Wirtschaft urteilten. Der Internationale Währungsfonds rechnete damals mit einem Rückgang des Wachstums der Weltwirtschaft um gerade einmal 0,1 Prozentpunkte. Jetzt werde alles anders – und im Wochentakt dramatischer. Mittlerweile erwarten Forscher den heftigsten Wirtschaftseinbruch seit dem Zweiten Weltkrieg. Der Präsident des Instituts für Weltwirtschaft, Gabriel Felbermayr, fürchtete die „Mutter aller Rezessionen" und Clemens Fuest, Präsident des Münchener Ifo-Instituts rechnet damit, dass die Kosten voraussichtlich alles übersteigen werden, was aus Wirtschaftskrisen oder Naturkatastrophen der letzten Jahrzehnte in Deutschland bekannt wurde.[158]

---

157 news@news.gaborsteingart.com
158 https://www.zeit.de/2020/14/corona-wirtschaftskrise-lehren-spanische-grippe-modellrechnung

Es gibt auch Stimmen, das Putin und Russland besser auf solche Turbulenzen vorbereitet sei, als andere. Victor Heise meint in seinem Artikel „Russland bald stärkste Volkswirtschaft Europas und fünftgrößte der Welt?", dass „die Kritik in erster Linie aus der betriebswirtschaftlichen Sicht kommt, weil dort der Staatskapitalismus viele Nachteile mit sich bringt. Das Denken in Produktions- statt in Gewinnkategorien – in Sowjetzeiten als „Tonnenideologie" bekannt – bleibt noch stark verbreitet. Großkonzerne der Rohstoff- und Energiewirtschaft arbeiten wegen fehlendem Wettbewerb ineffizient und erwirtschaften nur geringe Margen. Die Folge sind Misswirtschaft, extreme Kosten, Energie-Vergeudung, fehlende Innovationen und ein schwach ausgeprägtes Leistungsprinzip. Der als Musterbeispiel oft zitierte überteuerte russische Straßenbau ist sicherlich ein Mythos. Ungeachtet dieser Mängel feiert der russische „Kapitalismus von oben" auf dem Weltmarkt nicht nur beim Rüstungsexport punktuelle Erfolge, sondern auch in der Raumfahrt oder beim Bau von Kernkraftwerken. Dennoch scheint summa summarum die These, die westlichen Sanktionen hätten den Russen geholfen mehr betriebswirtschaftlich zu denken (Stichwort Importsubstitution) nicht ganz falsch zu sein". Man spricht davon, was zum Beispiel deutsche Firmen in Russland anbelangt, so laut GTAI-Bericht (Germany Trade und Invest) von 04.03.2020, die offizielle Politik der Regierung ziele seither (seit 2014) darauf ab, den Ersatz von Einfuhren durch heimische Produkte (Importsubstitution) und den Ausbau lokaler Produktionen (Lokalisierung) voranzutreiben.[159]

---

159 https://www.gtai.de/gtai-de/meta/ueber-uns/was-wir-tun/schwerpunkte
-2019/offene/russland-setzt-auf-protektionismus-und-importsubstituti-
on-22242

Für andere wirtschaftliche Experten zeigen sich in Putins Russland die größten ordnungspolitischen Schwachstellen im fehlenden „Kapitalismus von unten", denn das Land besitzt durch seine in kürzester Zeit erfolgte Industrialisierung kaum kapitalistische Traditionen, und somit auch wenig Unternehmer von Weltrang. Das Regime versucht mit Wohnungsbau und Maßnahmen für eine soziale Absicherung der Bürger zu punkten. Dazu werden Stabilisierungsfonds genutzt, die aus einem Teil der Exporteinnahmen aus Öl und Gas gespeist werden. Der russischen Führung ist auch nicht entgangen, dass ihr Volk langsam „ausstirbt", wenn keine familienfreundliche Politik betrieben wird. Die zu Jelzins Zeiten stark rückläufige Einwohnerzahl konnte sich gerade mit 145 Millionen relativ stabilisieren. Möglich wäre auch, dass die Regierung wie in China die Börse für Kleinanleger und Existenzgründer durch mehr Neuemissionen und Privatisierungen öffnet. „Mehr Kapitalismus" macht bekanntlich erfinderisch und würde den Unternehmensgeist stärken.

Trotz Ölpreisverfall und Wettrüsten, Russland will seinen Weg des noch extensiven Wachstums fortsetzen, mit oder ohne Putin-System. Das Land – gegenwärtig noch – ein wirtschaftlicher Zwerg und ein militärischer Riese- so wie es Helmut Schmidt bereits damals in „Obervolta mit Atomraketen" sah, entspricht heute nicht mehr dem Realitätsdenken. Zur Erinnerung: Der 1979 durch Deng Xiaoping initiierte Aufstieg Chinas zur rotkapitalistischen Wirtschaftsmacht wurde im Westen ebenso lange Zeit ignoriert.[160]

Heute trifft Russland weitgehende Maßnahmen für die Rettung der mittleren Unternehmen, auch im Sinne der Unterstützung der

---

160 https://www.heise.de/tp/features/Russland-bald-staerkste-Volkswirtschaft-Europas-und-fuenftgroesste-der-Welt-4257778.html

Bevölkerung. So reagierte die russische Regierung am 16. März 2020 mit einem Krisenfond in Höhe von 300 Milliarden Rubel (etwa 3,6 Milliarden Euro), um mögliche wirtschaftliche und soziale Folgen abzumildern. Gleichzeitig soll eine Kombination aus finanziellen Anreizen, Ausgleich von Verlusten und Deregulierung gegen die drohende Wirtschaftskrise helfen.

Dazu gehören auch die Ausweitung eines bereits bestehenden Programms vergünstigter Kredite für kleine und mittlere Unternehmen, höhere Subventionen mit einer Laufzeit von bis zu zwei Jahren und die Aufhebung von Kreditbeschränkungen.

Außerdem erhält die „Agentur zur Entwicklung kleiner und mittelständischer Betriebe" (MSP) zusätzliche Finanzmittel zur Ausweitung ihrer Unterstützungsmaßnahmen durch die Gewährung von Garantien für beantragte Kredite. Vorgesehen ist außerdem ein Mietzahlungsaufschub von drei Monaten für staatliches oder kommunales Eigentum. Zusammen mit den von Putin erklärten Verfassungszusätzen zur Unterstützung der sozial schwachen Bürger sind das wichtige Schritte auf dem Wege Russlands zu einem sozialen Staat.[161]

Wichtig ist heute auch die Auffassung der deutschen Wirtschaft zu den von der russischen Regierung gefassten Maßnahmen für die Überwindung der Coronavirus-Krise. Dem aktuellen Statement von Oliver Hermes, Vorsitzender des „Ost-Ausschuss – Osteuropavereins der Deutschen Wirtschaft", zu den Maßnahmen Russlands zur Eindämmung der Corona-Krise, die Präsident Wladimir Putin nannte, ist zu entnehmen:

---

[161] https://www.gtai.de/gtai-de/trade/wirtschaftsumfeld/bericht-wirtschaftsumfeld/russland/russische-regierung-beschliesst-plan-gegen-corona-krise-229902

„Das von der russischen Regierung angekündigte Konjunktur-paket ist ein wichtiger Beitrag zur Stützung der Wirtschaft in Russland. Gemeinsam mit den Überbrückungshilfen anderer europäischer Staaten erhöhen sich damit die Chancen, dass die europäische Wirtschaft insgesamt nach Corona schnell wieder aus der Krise gelangt. Die angekündigten neuen Sozialleistungen und Überbrückungshilfen stützen die Kaufkraft der russischen Bevölkerung. Die Stundung von Kredit-Rückzahlungen für private Verbraucher und den Mittelstand verhindert eine dramatische Zunahme von Insolvenzen. Entscheidend ist, dass hier mit Augenmaß und nicht auf Kosten einer Schieflage des Bankensystems gehandelt wird. Der russische Staat besitzt aufgrund der soliden Haushaltsplanung der vergangenen Jahre genug Ressourcen, um hier für Stabilität zu sorgen. Die geplanten Entlastungen für den Mittelstand von Steuern und Sozialabgaben sollten auch ausländischen Investoren in Russland offenstehen.[162]

Der russische Politologe und Direktor der Moskauer Stiftung der progressiven Politik, Oleg Bondarenko, bezeichnete diese Maßnahmen in einer Diskussion am 25. März 2020 im russischen Fernseh-Programm „Spiegel (otr-online.ru)" als wichtigen Schritt zum sozialen Staat. Er sah darin „plötzlich einen weitgehend nach links orientierenden Präsidenten".

---

162 https://www.oaoev.de/de/wichtiger-beitrag-zur-stuetzung-der-wirtschaft-russland

Kapitel 22

Coronavirus-Pandemie als Zeichen und Instrument der Deglobalisierung

D ie wirtschaftlichen und sozialen Auswirkungen der aktuellen Coronakrise in den Bereichen Wirtschaft, Umwelt, Kommunikation und Politik sind weltweit mindestens so katastrophal wie das Wirken des Virus selbst. Das betrifft in erster Linie die Globalisierung. Die Globalisierung wird oft als weltweite Verflechtung in vielen Bereichen (Wirtschaft, Politik, Kultur, Umwelt, Kommunikation) gewertet, und zwar zwischen Individuen, Gesellschaften, Institutionen und Staaten. Wirtschaftlich gesehen wäre das der weltweite Handel mit Waren, Dienstleistungen und Kapital und der daraus resultierende globalisierte Konsum, die Entwicklung und Anwendung neuer Technologien, z. B. Bio- und Gentechnik, neue Energien, Mikroelektronik, Kommunikations- und Informationstechnologie, Navigationstechnologie (GPS).

Benennen wir die traditionell wesentlichen Ursachen der Globalisierung. Zu ihnen gehören unter anderem:

- Technische Fortschritte, Produkt- und Prozessinnovationen, insbesondere in Kommunikations- und Transporttechnologien, so u. a. das Internet, die Digitale Revolution, die Zunahme des Weltluftverkehrs und die Containersicherung des Stückguttransports, die es ermöglicht, Transport, Umschlag und Zwischenlagerung effizienter zu gestalten;

- Ordnungspolitische Grundorientierungen, Entscheidungen und Maßnahmen zur Liberalisierung des Welthandels;

- das Bevölkerungswachstum in vielen Ländern.

- Das Coronavirus zeigt die Kehrseite der Globalisierung auf. Vom wirtschaftlichen Standpunkt führt das Coronavirus weltweit zu Lieferengpässen.

Jörg Wuttke, Präsident der Europäischen Handelskammer in China sagt: „Das Ausmaß der Herausforderungen ist riesig. Es seien Lieferketten in großen Teilen der herstellenden Industrie Chinas unterbrochen, Produkte könnten nicht verschifft werden: Es ist ein logistischer Albtraum. Waren, die normalerweise verschifft werden oder ausgeflogen werden, können aufgrund von Zoll-Beschränkungen nicht fristgerecht bearbeitet werden."

So leidet z. B. der weltgrößte Reedereikonzern Maersk wegen des Coronavirus-Ausbruchs und auch der Hamburger Hafen quittiert einem schrumpfenden Chinahandel: Hamburg ist Europas wichtigster Umschlagplatz für Güter von und nach China. „Das Problem ist, dass bereits ein fehlendes Teil zum Stopp der gesamten Produktion führen kann, wenn kein anderer Zulieferer es rechtzeitig liefern kann", schreiben die Analysten von der „Economist Intelligence Unit."

Verstärkt wird das Problem durch die „Just-in-time"-Lieferung: Um Lagerkosten zu sparen, lassen Unternehmen häufig nur so viele Teile liefern, wie sie brauchen. Waren, die per Schiff aus China kommen, haben Konzerne wie VW zwar auf Lager – gefüllt sind die aber in der Regel nur für Wochen, nicht Monate.

Und von jetzt auf gleich kann man die Vorprodukte, die sonst aus China kommen, kaum woanders her beziehen. Je länger sich die Krankheitswelle hinzieht, desto mehr dürften davon Länder wie Vietnam oder Taiwan profitieren. „Europäische Unternehmen bereiten sich derzeit auf die Dominoeffekte der Ausbreitung des Coronavirus und der Unterbrechung der chinesischen Lieferketten vor", schreibt treffend der China-Think-Tank Merics aus Berlin.[163]

Heute und wahrscheinlich in der Zukunft werden besser die Zulieferanten im eigenen Land zu finden sein, als irgendwo außerhalb der Staatsgrenzen zu suchen. So beginnt der Krach der Globalisierung. Für uns ist in erster Linie die Globalisierung in der Politik von Interesse. Sie ergibt sich aus den Folgen der wirtschaftlichen und kulturellen Globalisierung. Die Globalisierung in der Politik vollzieht sich auf drei Ebenen:

- Zunahme von internationalen Vereinbarungen bzw. Verträgen (auch: Regimes-Vereinbarungs-Bündel) (je nach Zählweise mit Stand 2004 26.000 internationale Verträge)

- Zunahme von internationalen Organisationen (staatliche und nichtstaatliche) (je nach Zählweise mit Stand 2004: 5.200 oder 252 Regierungsorganisationen, 15.000 oder 6.076 Nichtregierungsorganisationen, Ngo's);

- Zunahme einer internationalen Öffentlichkeit (z. B. das Weltsozialforum seit 2001) und einer auf globale Ereignisse gerichteten medialen Berichterstattung.

Noch während des Kalten Krieges waren die USA Mittelpunkt einer großen, multikulturellen Gruppierung verschiedenartiger Länder, deren gemeinsames Ziel in der Verhinderung einer Expansion der Sowjetunion bestand. In der gegenwärtig sich entwickelnden neuen globalen Politik werden die beiden bisherigen Supermächte abgelöst. Heute gibt es außer den USA und der EU, China, Indien, Russland und eine Reihe anderer Staaten, die versuchen, verschiedene mehr oder weniger politisch ausgeprägte

---

163 https://www.tagesspiegel.de/wirtschaft/globale-produktion-geschwaecht-das-coronavirus-zeigt-die-kehrseite-der-globalisierung/25567528.html

Koalitionen zu bilden. Die Grenzen gegenüber den als Rivalen gesehenen Länder des Warschauer Paktes haben sich weitgehend geändert. Aber auch die Coronavirus-Pandemie wirkt zerstörend auf die erwartete Einheit des Westens und führt u. U. zur nationalen Isolation. „Das Problem ist, dass bereits ein fehlendes Teil zum Stopp der gesamten Produktion führen kann", schreiben die Analysten von der „Economist Intelligence Unit." Verstärkt wird dieser Zustand durch die „Just-in-time"-Lieferung: Um Lagerkosten zu sparen, lassen Unternehmen häufig nur so viele Teile liefern, wie sie brauchen. Zulieferungen, die per Schiff aus China kommen, haben Konzerne wie VW zwar auf Lager – sie reichen aber in der Regel nur für einige Wochen. Vorprodukte aus China sind kaum woanders her zu beziehen. Je länger sich die Krankheitswelle hinzieht, desto mehr dürften davon Länder wie Vietnam oder Taiwan profitieren. „Europäische Unternehmen bereiten sich derzeit auf die Dominoeffekte der Ausbreitung des Coronavirus und der Unterbrechung der chinesischen Lieferketten vor", schreibt der „China-Think-Tank Merics" aus Berlin. Für die Unternehmen vor Ort ist es häufig äußerst schwer, die zeitweilig stillgelegten Anlagen wieder hochzufahren.[164] Trotz der durch die Pandemie noch wachsenden Probleme ist die Globalisierung der Politik nach wie vor von allgemeinem Weltinteresse.

Coronavirus-Pandemie wirkt zerstörend auf die erwartete Einheit des Westens und führt u. a. zur nationalen Isolation. Der israelische Historiker und Schriftsteller, Yuval Noah Harari, Autor des weltbekannten Buches „Sapiens: A brief History of Humankind", schrieb am 20. März 2020 in „Financial Times"

---

164 https://www.tagesspiegel.de/wirtschaft/globale-produktion-geschwaecht-das-coronavirus-zeigt-die-kehrseite-der-globalisierung/25567528.html)

über „die kollektive Lähmung in der internationalen Gemeinschaft und die derzeitige Zurückhaltung der US-Regierung. Das Weiße Haus machte deutlich, dass ihnen die Größe Amerikas viel wichtiger ist als die Zukunft der Menschheit. Dafür hat das Land sogar seine engsten Verbündeten im Stich gelassen. Europa wurde nicht einmal im Voraus benachrichtigt, dass alle Reisen aus der EU verboten werden. Deutschland war schockiert, dass einem deutschen Pharmaunternehmen angeblich eine Milliarde US-Dollar angeboten wurde, um Monopolrechte für einen neuen Impfstoff gegen COVID-19 zu erwerben.

Die zweite wichtige Entscheidung, vor der wir stehen, ist die nationale Isolation und die globale Solidarität. Sowohl die Epidemie selbst als auch die Wirtschaftskrise sind daher globale Probleme. Wenn die Lücke, die die Vereinigten Staaten hinterlassen haben, nicht von anderen Ländern gefüllt wird, wird es nicht nur schwieriger, die aktuelle Epidemie zu stoppen, sondern ihr Erbe wird die internationalen Beziehungen noch viele Jahre lang vergiften."[165]

Gabor Steingart schreibt dazu, dass sich die Stimmung ändert, sich die Interessen verlagern und zwar dahingehend, dass die USA ihr Interesse an der deutschen Wirtschaft verlieren. „Und jetzt sind wir nur noch Konkurrenten, spüren diesen warmen Rückenwind nicht mehr. Jetzt bekommen die deutschen Unternehmen den Druck der USA zu spüren."

Klar ist, die Abgrenzung betrifft auch EU-Länder, die ihre Grenzen schließen. Schengen funktioniert nicht mehr so richtig.

Die US-Zeitschrift „Foreign Policy" hat am 20. März einen Artikel unter der Überschrift: „How the World Will Look After

---

165 https://www.ft.com/content/19d90308-6858-11ea-a3c9-1fe6fedcca75

the Coronavirus Pandemic", über die Folgen der Pandemie also veröffentlicht. In diesem Artikel ist die Meinung von zwölf der Besten (nach der Version von FP) „Weltdenker" dargelegt. Die Zeitschrift vergleicht dieses Ereignis mit dem Fallen der Berliner Mauer und dem Zusammenbruch der US-Investmentbank Lehman Brothers.

Der Politologe und Harvard-Professor Stephen Martin Walt meint, dass die Pandemie die Staatsmacht und den Nationalismus stärker machen wird. Die Staaten müssen zu außerordentlichen Maßnahmen greifen.

„COVID-19 wird auch den Prozess der Verlagerung von Macht und Einfluss vom Westen nach Osten beschleunigen. Wir werden Zeugen des weiteren Rückzugs von der Hyperglobalisierung, weil die Bürger die Hoffnung auf persönlichen Schutz auf die nationalen Regierungen verlagern werden. Die Staaten sowie Firmen werden versuchen, die zukünftigen Verwundbarkeiten im Vorfeld zu beseitigen". Im Grunde genommen kann das bedeuten, dass sie auf die internationale Zusammenarbeit und Arbeitsteilung verzichten werden, um sich auf eigene Kräfte zu verlassen.

Robert Niblett, Direktor vom britischen „Chatham House" meint, dass die Coronavirus-Pandemie zum Strohhalm werden könnte, die den Wirbel um die Kamellen der Wirtschaftsglobalisierung brechen. COVID-19 zwingt die Staaten und Firmen, das eigene Überlebenspotenzial bei den Bedingungen der langfristigen Isolation zu stärken. Bei solchen Bedingungen wird die Welt allem Anschein nach nicht zur Idee der für alle vorteilhaften Globalisierung, die Anfang des XXI. Jahrhunderts begann, zurückkehren. Deswegen kommt Kori Schake, der Stellvertreter des „Londoner The International Institute for Strategic

Studies" zu folgender Schlussfolgerung „die USA können nicht mehr zu den Weltleader gehören, weil die Regierung dieses Landes enge egoistische Interessen vertritt und sie unter Unfähigkeit und Inkompetenz leidet."[166]

166 https://foreignpolicy.com/2020/03/20/world-order-after-coroanvirus-pandemic/

Kapitel 23

Resüme

Seit dem Zerfall der Sowjetunion hat sich die Welt in wenigen Jahrzehnten radikal geändert. Zu ihren heutigen markanten Merkmalen zählt die Beseitigung der amerikanischen Hegemonie und die Entstehung einer multipolaren Welt, in der die USA als eine der bisher mächtigsten Staaten mit neuen starken Mächten – wie in erster Linie mit China – konfrontiert werden. Es entstehen derzeit enge Partnerschaften auf politischen und wirtschaftlichen Ebenen, und mit einem neuen Russland, das sich mit aller Kraft bemüht einen der ersten Plätze in dieser multipolaren Welt für sich zu erobern. An der Spitze: Wladimir Putin, den die Geschichte eigentlich durch Zufall an die Macht brachte, und dessen Weg oft dramatisch und sogar mit blutigen Auseinandersetzungen gegen die politische Selbstständigkeit, zum Beispiel in Tschetschenien, begleitet wurde. Putin behauptete sich gegen die allgegenwärtigen Oligarchen und schaffte sich eigene Stützen für sein neues System des Staatskapitalismus. Nach Jelzins anfänglichen Versuchen, das Land in das westliche Wertesystem zu integrieren, verstand er sehr bald, dass diese naiven Ideen Russland als wichtigen politischen und wirtschaftlichen Partner an die Schwelle seiner Degradierung gebracht hätten, weil der Westen bisher keine Gnade gegenüber den besiegten Rivalen zeigte und sich als Sieger im Kalten Krieg aufspielte. Zu dieser Thematik meinte der deutsche Ost-Experte und Autor des Buches „Das Ende des Imperiums", Thomas Kunze, in einem Interview mit dem SPIEGEL, dass man Russland auf Augenhöhe hätte behandeln sollen, auch, als es in den 90er

Jahren schwach war. Stattdessen wurden Russlands Interessen – zum Beispiel auf dem Balkan – ignoriert. Ursprünglich hatte der Westen Gorbatschow und der Sowjetunion – und später dann Jelzin – signalisiert, dass er als Gegenleistung für die Beendigung des Kalten Krieges Russlands Sicherheitsinteressen respektieren werde. Die Russen hatten damals – als sie sich aus eigener Kraft von der Idee des Kommunismus trennten – vom Westen, etwas anderes erwartet als die NATO-Ausdehnung bis an ihre Grenzen.

Dazu kommt, dass der Westen nach Kunzes Auffassung zudem oft auf die falschen Leute setzte.[167]

Am 2. November 2017 schrieb Dr. Jonathan Adelman, Professor der Universität Denver in der US-Internetausgabe „Huffpost" einen Artikel mit dem Titel „Putin and the Revival of Russian Power". Darin zeigte er sich davon überzeugt, dass sich Russland in eine der führenden Kräfte auf der Weltbühne verwandelt und unter Wladimir Putin den Status einer Großmacht wiedererlangen wird. Diese Tatsache sei für den Politologen ein besonders erstaunliches Phänomen der modernen Welt. Schließlich ist die russische Wirtschaft der britischen, französischen und deutschen unterlegen und hat dennoch die Halbierung des Erdölpreises überlebt. „Dank seiner militärischen Möglichkeiten, der geografischen Lage in Eurasien, einer effektiven Führung und der Politik des konservativen Nationalismus wurde Russland zu einer der führenden Kraft auf der Weltbühne", schreibt Dr. Adelman. Der Politologe verweist aber auch auf die ständige Kritik des Westens – in erster Linie der USA – die Moskau beschuldigt,

---

167 http://www.spiegel.de/politik/ausland/25-jahre-ende-der-sowjetunion-das-scheitern-der-demokratie-a-1076424.html

Verbindungen mit autoritären und korrupten Regimen in der Welt zu unterhalten.[168]

In Wirklichkeit gelang es Russland, seine Beziehungen dort zu erweitern, wo die USA scheiterten. Für Moskau interessieren sich heute selbst Saudi-Arabien, Jordanien, Ägypten, Marokko, Kuweit, Katar und die VAE, einst strenge westliche Verbündete. Auch Israel sucht seine Unterstützung und macht mit Russland sogar Geschäfte mit militärisch bedeutsamen Drohnen. Neue Beziehungen in militärischen und Wirtschaftsbereichen entstehen mit Argentinien und Brasilien, aber u. a. auch mit China, Indien und Japan, Ungarn und Griechenland. In der Schlussfolgerung, nennt Dr. Adelman Putin sogar „einen klugen, harten Realisten, der Russland zu einer Großmacht führt".

Es steht aber auch fest, dass Putins Pläne, Russland wieder zu einem internationalen Machtzentrum zurück zu verwandeln, in vielerlei Hinsicht von den internationalen Kräfteverhältnissen und nicht zuletzt von der inneren sozialen Ruhe abhängig sind. Bereits vor der letzten Regierungssitzung im Sommer 2018 schrieb Kommentator Anatolij Komrakow in der Moskauer „Nesawissimaja Gaseta" über die Warnung des Ministerpräsidenten Anatolij Medwedew vor dem nächsten schwierigen, sechsjährigen Regierungszyklus, in dem es seiner Auffassung nach auch künftig um weitere Sanktionen und die Ausbreitung von Handelskriegen gehen werde.[169]

In diesem Zusammenhang ist die Meinung einer der führenden Sprecher der heutigen deutschen Grünen, Jürgen Trittin, wichtig. In einem Interview mit der „Nesawissimaja Gaseta" (am

---

168 https://www.huffpost.com/entry/putin-and-the-revival-of-russian-power-by-professor_b_59fb8e6ee4b01ec0dede40b8
169 http://www.ng.ru/economics/2018-09-20/4_7315_6years.html

14. Mai 2019) sagt er, „dass es kein Interesse an einem destabilisierten und ökonomisch in Frage gestellten Russland gibt." Das unterscheidet die europäische Interessenlage von der der USA. Die nämlich haben offenbar ein Interesse daran, Russland in eine Krisensituation zu verwickeln".[170]

Zu den amerikanischen Versuchen, Russland ökonomisch zu zerstören, zählt auch, dass die USA unter Präsidenten Trump ihre nuklearen Waffen modernisierten und weiterentwickelten. Die US-Zeitschrift „The Nation" nennt in diesem Zusammenhang „Nulear Posture Review (NPR)" als eine neue US-Atomkonzeption. In der Version von 2018 wird vorgeschlagen, für das Programm der Modernisierung bodengestützter Atomkräfte, Luftwaffen und der Marine – der sogenannten nuklearen Triade – in 30 Jahren eine Billion USD auszugeben.[171]

Auch damit wird deutlich, dass Putin vor gewaltigen wirtschaftlichen, militärischen und sozialen Herausforderungen steht. Seine Zukunft wird in vielerlei Hinsichten davon abhängen, ob er ihnen standhält und sie zum Wohle Russlands erfüllen kann. Eine der wichtigsten Herausforderungen ist heute die Coronavirus-Pandemie. Und wie schreibt der deutsche Kolumnist Gabor Steingart in „Morning Briefing" vom 12. März 2020, „Die Corona-Pandemie, gestern von der Weltgesundheitsorganisation ausgerufen, hat weltweit die Spitzenpolitiker in Kampagnenmodus versetzt. Das wichtigste, was der Politiker besitzt, nämlich sein Vertrauenskapital, wird in diesen Tagen vermehrt oder aufgezehrt".[172]

---

170 http://www.ng.ru/ideas/2019-05-13/5_7571_ideas2.html
171 https://www.thenation.com/article/untold-history-of-the-united-states-rerelease/
172 news"news.gaborsteingart.com

So ergaben Umfragen des russischen „Institutes für Meinungsforschung WZIOM" vom 19. April 2020, die dem Autor zur Verfügung standen, dass fast 70 Prozent aller Staatsbürger Wladimir Putin und seiner Politik vertrauen.

In der „Nesawissimaja Gaseta" wurden die Ergebnisse der Abstimmung über die Verfassung als Putins Sieg gefeiert. Daria Garmonenko, Redakteurin der politischen Abteilung der Zeitung betonte in diesem Zusammenhang, dass Wladimir Putin den Bürgern Russlands für die Unterstützung der Verfassungsänderungen und das Vertrauen ihm gegenüber besonders dankte. Über die Gegner sagte er, dass auch sie die Regierenden verpflichten, schneller und effektiver die bestehenden Probleme zu lösen. Solche Worte des Präsidenten würden durchaus auch für die bevorstehenden Aufgaben gelten, hunderte Gesetze mit der aktualisierten Verfassung in Übereinstimmung zu bringen. Die Opposition befürchtet dagegen die Korrektur der Wahlregeln. Sie schloss allerdings aus, dass eine mehrtägige Abstimmung aus dem Stand heraus für die seit Mitte Juni laufende Kampagne für die Wahlen in den Regionen genehmigt werden könnte.

Bereits am 3. Juli präsentierte die Zentrale Wahlkommission die offiziellen Ergebnisse der gesamtrussischen Abstimmung zu den Verfassungsänderungen. 57,75 Millionen Menschen – 77,92 Prozent der möglichen Wähler – sprachen sich darin für die Veränderung des Grundgesetzes aus. Daraus ergab sich, dass 52,95 Prozent aller stimmberechtigten Bürger des Landes für die Änderungen und 21,27 Prozent (15,8 Millionen) dagegen votierten. Die Beteiligung an der Abstimmung lag bei 67,97 Prozent.

Diese Zahlen liegen allerdings höher als zu den Präsidentschaftswahlen von 2018. Interessant ist die Anzahl derjenigen, die Putin das Vertrauen versagten. Wenn man die Wahlergebnisse seiner damaligen Kontrahenten vergleicht, so sind dies 22,24 Prozent. Ergo ergibt sich sozusagen gar eine Verringerung der Basis der Gegner um beinahe ein Prozent. Noch anschaulicher sieht solch ein Vergleich aus: 2018 gab es 56,43 Millionen und 2020 57,75 Millionen Stimmen für Putin. Laut Informationen der „Nesawissimaja Gaseta" hatte man im Kreml durchaus nicht mit solch einem Sieg gerechnet. So hätte es bereits ausgereicht, das Ergebnis des Referendums von 1993 zur Annahme der Verfassung zu übertreffen. Im Grunde genommen wurde es ein „Vertrauensreferendum" für Putin: Die erneuerte Verfassung kann so auch entsprechend den Ergebnissen eines bescheideneren Ausgangs der Abstimmung in Kraft treten.[173]

Doch trotz dieser Ergebnisse steht die Problematik um Putins Zukunft weiter auf der Tagesordnung. Wladimir Putin lässt sich jedoch Zeit zum Manövrieren und macht deutlich, dass er durchaus für eine weitere – eine fünfte – Präsidentenamtszeit kandidieren werde. Für ihn sei noch nichts entschieden. Wenn sich in der Verfassung die Möglichkeit zu kandidieren ergibt, „werden wir schauen", sagte er in einem Film des TV-Senders „Rossia-1".

Diese Möglichkeit ist im Grunde genommen in der Anmerkung zum Punkt 3 des Artikels 81 in den Verfassungsänderungen enthalten. In der Allgemeinheit und in der Presse wird dies lakonisch als eine Wiederherstellung des früheren Zustandes (Resetten) der bisherigen Amtszeiten verstanden. Gerade im Interesse dieses Manövers sei ein ganzes Paket unterschiedlicher Veränderungen in das Grundgesetz eingebracht worden.

Gleichzeitig sieht Putin darin einen entscheidenden Punkt. Würde diese Frage nicht beantwortet, begänne in zwei Jahren

---

173 https://ngdeutschland.de/der-verfassung-die-abstimmung-putin-ein-vertrauensreferendum/

– er weiß dies aus eigenen Erfahrungen – anstelle einer norma-
len angepassten Arbeit auf sehr vielen Ebenen der Machtorga-
ne ein eifriges Ausschauhalten auf der Suche nach möglichen
Nachfolgern.

Ähnliche Äußerungen Putins gab es schon 2017, als man ihn
hartnäckig fragte, ob er für eine vierte Amtszeit kandidieren werde. Der Präsident sagte damals schon, dass nach Bekanntgabe
des Beginns des Wahlkampfs alle „sofort zu arbeiten aufhören"
und daran denken, wie sie ihren Platz bewahren können. Es ist
also eine Putin-Standard-Auffassung, dass man den Apparat in
Beobachtung halten müsse.[174]

Wie daraus ersichtlich wird, bedeuten diese Ergebnisse für Putin,
dass er nicht mehr politisch als – von einigen so bezeichnet –
„lahme Ente" gilt. Für Politik und Bürokratie ist es auch die vor-
läufige Beantwortung der Frage nach dem Nachfolger. Formell
darf Putin nach Ablauf seiner Präsidentschaft 2024 noch einmal
kandidieren. Nach der künftigen Verfassung wird ihm jedoch
die Möglichkeit genommen, für eine dritte und vierte Amtszeit
wieder gewählt zu werden. Neu wird sein, das der Präsident mit
mehr Befugnissen als der Premierminister die Gesamtführung
des Kabinetts übernimmt und der Ministerpräsident eher eine
technische Rolle spielen wird.

Nach Beratung im Föderationsrat kann der Präsident – dem die
Verfassung Immunität garantiert – wichtige Minister, z. B. für
Verteidigung, des Inneren oder das Außenamt, ernennen. Auch
der Einsatz und die Abberufung der Mitglieder des Föderationsrates oder der Richter des Obersten Gerichtes gehören dann zu
seinen Rechten.

---

174 https://ngdeutschland.de/uber-eine-mogliche-funfte-amtszeit- putins/

Außenpolitisch gesehen ist auch die Frage der Integrität durch das Verbot territorialer Zugeständnisse Russlands geklärt. So sind z. B. Ansprüche seitens Japans oder anderer Staaten nicht mehr zu erfüllen. Nationales Recht hat dann Vorrang vor internationalen Verträgen und erlaubt Russland im Grunde genommen, selbst Beschlüsse internationaler Gerichte außer Acht zu lassen.

In der Verfassung sind aber auch solche Begriffe, wie Gott, Familie, Russische Sprache oder der Vaterländische Krieg 1941-1945 festgeschrieben. Vor allem mit der Akzeptanz Gottes soll nach dem Verfassungsgericht Russlands die historisch bedeutende Rolle der Religion bei der Bildung und Entwicklung des russischen Staatswesens und für die öffentliche Ordnung berücksichtigt und gewürdigt werden,

Auch die neue Definition von Familie und Ehe als wichtige Institution für die Existenz der Gesellschaft schließt künftig unterschiedliche Auslegungen aus. Kinder besitzen größere Priorität in der russischen Staatspolitik und in den entsprechenden Gesetzen. Weiterhin wird Russisch als Sprache des staatsbildenden russischen Volkes erklärt und die Verpflichtung der Russischen Föderation, Landsleute im Ausland zu unterstützen, in der Verfassung festgeschrieben.

Als ein Problem in vielerlei Hinsicht erwies sich die von manchen Experten umstrittene Behauptung der Rechtmäßigkeit in der Verfassung, dass Russland Nachfolger der UdSSR sei. Das soll jedoch nur für das heutige Territorium Russlands gelten, wird aber auf vielen Sitzungen der Vertreter der UdSSR-Nachfolgestaaten diskutiert. Russland gilt in dem neuen Grundgesetz in seinem Hoheitsgebiet als Rechtsnachfolger der UdSSR sowie in Bezug auf die Mitgliedschaft in internationalen Organisationen, in Verträgen, bei Verpflichtungen und Vermögensfragen, die weltweit außerhalb des Territoriums der russischen Föderation festgelegt sind.

Als neues Verfassungsorgan fungiert künftig ein vom Präsidenten gebildeter Staatsrat, deren Mitglieder die Richtungen der Innen- und Außenpolitik erarbeiten. Diese – allerdings nur teilweise – neue Institution, erfüllt nur beratende Funktionen und besitzt keine wirkliche Macht.